Almut Bree

Nähen, Sticken, Schenken

AB
Inez

Almut Bree

SPASS AM NÄHEN

Nähen, Sticken, Schenken

Über 100 tolle Ideen für die Nähmaschine

Urania–Ravensburger

Inhalt

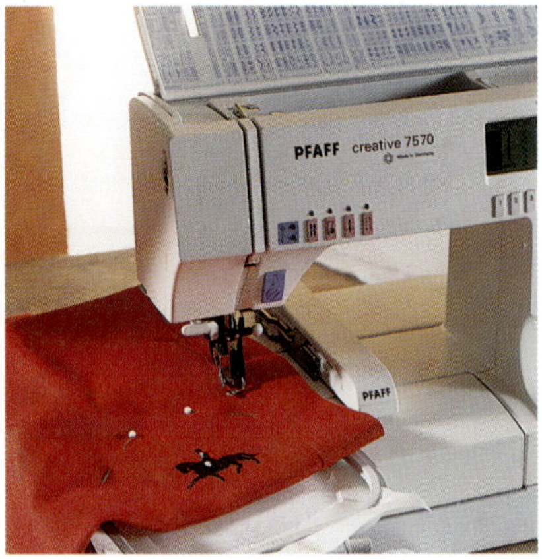

Die Deutsche Bibliothek –
CIP-Einheitsaufnahme
Nähen, Sticken, Schenken
: Über 100 tolle Ideen für die Nähmaschine / Almut Bree. [Fotos : Roland Krieg, Zeichn. : Antje Krug]. – Berlin
: Urania-Ravensburger, 1999
ISBN 3-332-01035-2

Gedruckt auf alterungsbeständigem chlorfrei gebleichtem Papier.

Die Schreibweise entspricht den Regeln der neuen Rechtschreibung.

Redaktion: Ina Steinbrück
Fotos: Roland Krieg
Zeichnungen: Antje Krug
Umschlagfoto: Roland Krieg
Umschlaggestaltung: Behrend & Buchholz, Hamburg
Satz: City Repro, Berlin
Druckerei: Westermann Druck Zwickau
Printed in Germany
02 01 00 99 4 3 2 1

AB

PFAFF
creative 7570

KB

Einführung

Machen wir nicht immer wieder die Erfahrung, dass wir viel Freude daran haben, Dinge selber herzustellen, sie in unseren Händen entstehen zu sehen? Diese selbst erarbeiteten Sachen haben einen höheren Wert, sie liegen uns am Herzen, denn sie besitzen eine ganz persönliche Note. Am Anfang können die Arbeiten einfach sein, mit mehr Übung wächst Ihr Vertrauen und Sie werden sich an schwierigere Werke wagen. Heute ist es insofern leichter, da der Gebrauch einer modernen Nähmaschine keine Mühe bereitet. Die Fadenspannung wird elektronisch überwacht, Spezialstiche sorgen dafür, dass der Stoff optimal verarbeitet werden kann, und zahlreiche Zierstiche bis 9-mm-Breite lassen viele Gestaltungsideen zu.
Auch größere Muster stickt die Maschine „am laufenden Band", und für viele ist die Anschaffung eines Stickautomaten mit seiner Vielfalt an Stickmotiven die Erfüllung eines lang gehegten Traumes. In seiner Perfektion und Größe stickt er selbst die Hautfalten eines Elefanten, Schattierungen und große Flächen, kleinste Blattadern, zotteliges oder glattes Fell detailliert auf feinste Stoffe oder dicken Frottier. Noch nie konnten wir so schnell und problemlos so schöne Motive sticken, sie sogar selbst entwerfen und programmieren. Der Fantasie sind keine Grenzen mehr gesetzt.
Kreativität heißt: Man nehme einen Stoff, kombiniere ihn eventuell mit einem zweiten, sticke ein oder mehrere Motive gut platziert, betone die Stickerei mit einer Zierkante oder einem Band und das Ergebnis ist ein zauberhaftes Modell, dass in seiner Originalität bewundert wird. Zudem sind es fantastische Geschenke, die immer gerne gesehen und entgegengenommen werden.
Ist es nicht toll, zu einer Einladung statt eines Blumenstraußes Servietten mit Monogramm mitzubringen, dem Sommerurlauber ein Frottiertuch zu besticken oder den Kindern das Sweatshirt mit den Lieblingsmotiven zu verzieren? So können wir uns zweimal freuen: erst während der kreativen Arbeit und anschließend beim Verschenken solch schöner Dinge!
Kreativ sein heißt auch, experimentierfreudig die Dinge anzugehen. Probieren Sie neue Farbkombinationen, prüfen Sie, ob ein Muster in Teilen gestickt werden kann, von denen dann nur ein Teil auf eine Serviette oder ein Eierhütchen gestickt wird, oder setzen Sie die Teile neu zusammen. Spielen Sie mit der Musterumkehrtaste, denn oft wirkt zum Beispiel ein Zweig besonders schön, wenn er mal nach rechts, mal nach links geneigt ist. Oder kombinieren Sie mehrere Muster, setzen Sie Bilder zusammen; es gibt so viele Möglichkeiten! In diesem Buch finden Sie viele Vorschläge, die Sie leicht verwirklichen können. Sie werden für jeden das Richtige finden: Süße Babysachen für das eigene Kind oder als Geschenk zur Geburt, alles für die Puppenküche, schöne Dinge zum Schulanfang, für die junge Reiterin und den kleinen Abenteurer. Zudem werden viele Tischdecken und Servietten vorgestellt, von denen man ja nie genug haben kann. Zum Geschirr und in die Umgebung sollen sie passen, was manchmal nicht ganz einfach ist. Aber jeder wird etwas Passendes finden: rustikal im Landhausstil, einfach und schlicht, oder elegant und aufwändig. Schließlich gehört zu einem guten Essen ein schön gedeckter Tisch.

Auch die Küche soll nicht zu kurz kommen: Schürze, Topflappen, Stickbild und Geschirrtücher – selbst genäht und bestickt – stimmen fröhlich und verleihen den Dingen einen höheren Wert.
Ich hoffe, Sie spüren meine Begeisterung und greifen sie auf.
Jetzt hindert Sie nichts mehr auf anzufangen und fröhlich zu gestalten. Sollten Sie mal Schwierigkeiten haben, geben Sie nicht auf, lesen Sie in Ruhe nach. Auf Seite 13 finden Sie verschiedene nützliche Tipps und Rettungsvorschläge.

Auf geht's!
Ihre Almut Bree

PFAFF creative 7570

Material, Werkzeug, Technik

Zum Erfolg einer Arbeit gehören gute Materialien und gutes Werkzeug. Der Preis spielt natürlich eine Rolle, doch ist es ratsam, Qualitätsware zu erwerben, da diese eine viel längere Lebensdauer besitzt und sich so der höhere Preis rentiert. Alle Hilfsmittel, die Sie zum Nähen und Sticken mit der Nähmaschine benötigen, finden Sie auf den folgenden Seiten. Auch einige Nähtipps sind dabei, die Sie an vielen Modellen anwenden können.

Auf dem Foto meines Arbeitstisches sehen Sie Produkte, die sich für die Modelle dieses Buches verwendet wurden, die sich bewährt haben und mit denen Ihnen das Arbeiten erleichtert wird. Und eine kleine Pannenhilfe soll Ihnen helfen, nicht zu verzagen.

Nähmaschinen

Das Nähen und Sticken ist heutzutage mit einer elektronisch gesteuerten Nähmaschine, die viele Nutz- und Zierstiche besitzt, besonders einfach. Mit dem angeschlossenen Stickautomaten sticken Sie Motive bis zu 23 x 45 cm Größe. Sollte Ihnen eine eigene Maschine mit Stickaggregat zu kostspielig sein, finden Sie vielleicht Gleichgesinnte, die sich zu einer Interessengemeinschaft zusammenschließen können. Sie könnten dann eine Maschine abwechselnd benutzen. Oder nehmen Sie an einem meiner Kurse „Sticken mit der Nähmaschine" teil, die zweimal jährlich stattfinden. Jedem Teilnehmer steht eine Nähmaschine mit Stickaggregat zur Verfügung, auf der 3 Tage kreativ gearbeitet wird.
Die Termine der Kurse werden in den Paff-Nähzentren bekanntgegeben.
Am schönsten ist natürlich eine eigene Maschine, denn wer einmal mit dem Sticken angefangen hat, kann nicht mehr davon lassen. Der Firmenname und die verwendeten Disketten oder Zierstiche werden bei jedem Modell genannt, doch es finden sich noch so viele Stickmotive mehr auf den zahlreichen Disketten, dass Sie nicht nur alles nachsticken, sondern auch variiert nach eigenen Ideen und Bedürfnissen arbeiten können.

Die hier verwendeten Nähmaschinen:
Bernina Artista 180
Dies ist eine Nähmaschine mit allen Basis-Nähfunktionen und Stichen für moderne elastische Stoffe sowie optischem Knopflochsystem und einem Nähführer für alle wichtigen Informationen. Zahlreiche Zierstiche bis 4,5 cm Breite und ein Quertransport ermöglichen ein großzügiges Sticken. Muster können auch gespiegelt, gedreht, in der Größe verändert und durch ein Stichauswahlsystem beliebig ausgetauscht, ergänzt und erneuert werden. Der Stickautomat mit dem Sticksystem „à la carte" ermöglicht Motive bis zu 15,5 x 20 cm Größe, die von vielen Disketten gestickt werden können. Kleine Teile wie Ärmel oder Kinderpullis werden dabei über den Freiarm gezogen.

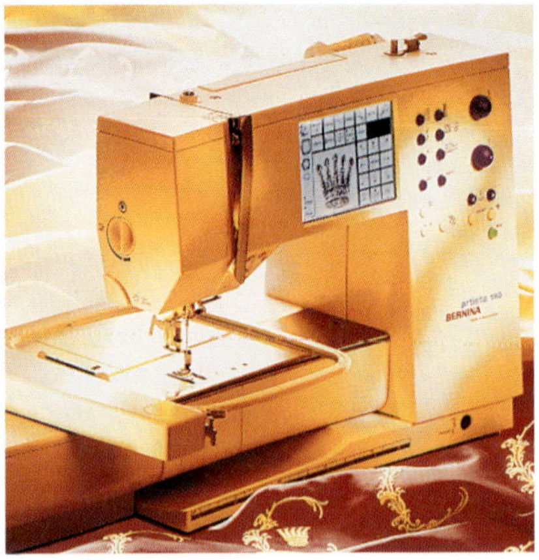

Bernina Artista 180

Brother Super Galaxie 2100
Das Modell besitzt Hunderte von Nutz- und Zierstichen, einen Acht-Wege-Transport, einen automatischen Fadenabschneider sowie einen Speicher für Stichkombinationen. Man hat die Möglichkeit, zehn verschiedene Knopflöcher herzustellen, das Vernähen der Fäden geschieht automatisch. Mit der Stickautomatik entstehen bis zu 13 x 30 cm große Motive, die auf zahlreichen Disketten gespeichert sind. Die Motive können in 5-Grad-Schritten gedreht, nach Wunsch vergrößert bzw. verkleinert werden und aus verschiedenen Alphabeten können Monogramme und Wörter zusammengesetzt werden.
Die Buchstabengröße reicht bis zu 12 cm.

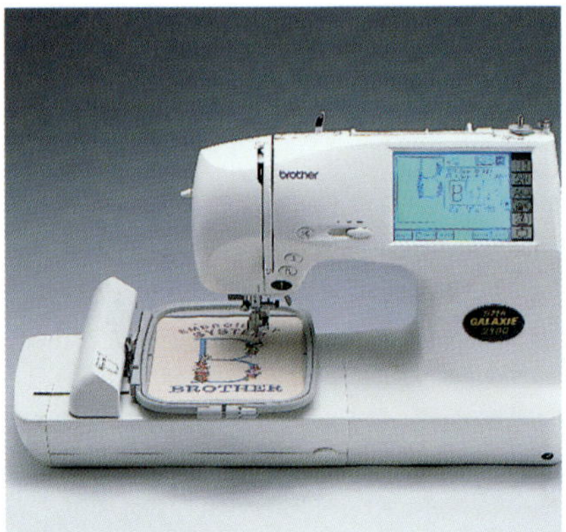

Brother Super Galaxie 2100

Pfaff Creativ 7570
Diese elektronisch gesteuerte Nähmaschine besitzt ein Nutzstichprogramm für alle Stoffe, doppelten Stofftransport, Knopflochautomatik und ein großes Zierstichprogramm bis 9 mm Breite. Der Quertransport ermöglicht bis zu 4,5 cm große Maximuster. Auf 31 Speicherplätzen lassen sich Zierstiche und Alphabete beliebig aneinander reihen, in weiteren 31 Programmspeichern selbst entworfene Muster aufbewahren. Ein Stickaggregat stickt mehrfarbige, vollflächige Muster, die auf zahl-

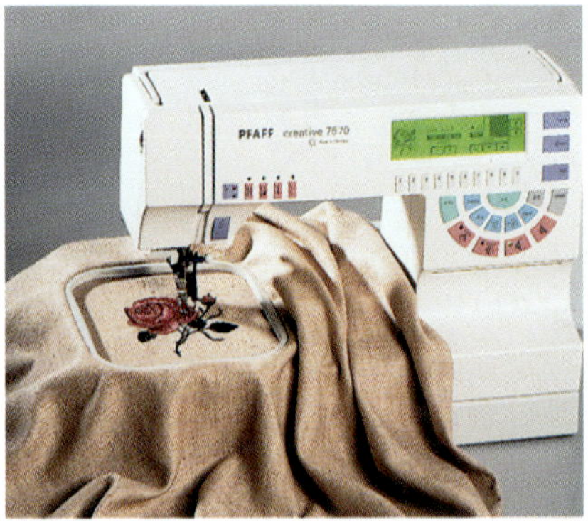

Pfaff Creative 7570

reichen Disketten mit unterschiedlichen Themen gespeichert sind. Das Bearbeitungsprogramm ermöglicht es, Muster selbst zu entwerfen oder zu scannen, mit Stichen auszufüllen und – auf die Maschine übertragen – von dieser sticken zu lassen.

Singer XL Professional 1000

Singer XL Professional 1000
Im riesigen Nähprogramm der Singer XL Professional finden Sie alle Nutz- und Overlockstiche, 12 Knopflochvarianten, unglaublich viele Stickmuster (z.B. Hohlsaum, Kreuzstiche, Bordüren), Kombimuster wie lustige Gesichter oder Blumen, schöne Alphabete und vieles mehr. Die computergesteuerte

Fadenspannung stellt sich je nach Stärke des Stoffs automatisch ein. Ein spezieller Quiltstich sowie weitere Spezialmuster zum Quilten sind abrufbar. Im Stickautomaten sind 500 Motive, darunter Alphabete, Rahmen, Monogramme, florale Bordüren und Blumengroßmotive, gespeichert. Durch weitere Stickkassetten (ROM-Karten) lässt sich das Programm unbegrenzt erweitern. Das Sticken ist durch eine spezielle Technik mit mehrfach versetztem Rahmen bis zum Format 23 x 45 cm möglich.

Garne

Maschinennähgarne müssen vor allem reißfest und dauerhaft sein. Es gibt sie als Polyestergarne in ca. 400 Farben. Baumwollgarne verwendet man gerne für Patchwork- und Quiltarbeiten.
Das **Maschinenstickgarn** ist speziell für die Maschinenstickerei entwickelt, denn ein weicher Faden soll nicht nur gut aussehen, sondern sich in die Form des Stickmotivs legen und den Stoff nicht hart werden lassen. Daher ist es dünner und weicher als Nähgarn, seine Oberfläche ist in stark glänzend aus Rayon, mit Seidenglanz aus Polyester und matt aus Baumwolle erhältlich. Außerdem sind **Metallgarne** verfügbar, bei denen ein Metallfaden mit einem Polyesterfaden verzwirnt ist. Dieser Faden reißt sehr leicht

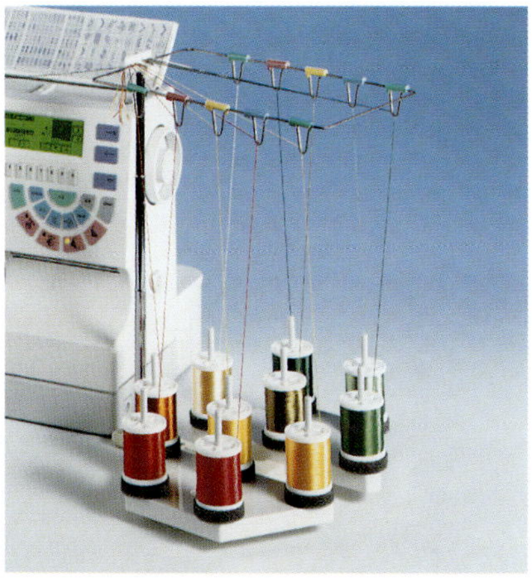

Ein Garnspulenhalter neben die Maschine gestellt erleichtert den Farbwechsel beim Sticken. Bis zu 10 Garnrollen werden in der gewünschten Reihenfolge aufgestellt und nacheinander eingefädelt.

und muss daher mit langsamer Geschwindigkeit und einer speziellen, besonders ausgeschliffenen Nadel gestickt werden. Wird die Spule senkrecht gestellt, rollt sie glatter ab.

Folgende Garne stehen zur Auswahl: **Maschinenstick- und Stopfgarn** aus Polyester in etwa 80 Farben, leicht glänzend, reißfest. **Rayongarn** aus Kunstseide, stark glänzend, in vielen Farben und den Stärken 40 und 30, außerdem als Multicolor und Ombré zu haben, was sehr schöne Effekte in der Stickerei bringen kann. **Effektgarne** in Neonfarben und als **Spectra** bekanntes holographisches Reflektgarn. **Metallicgarne,** die ein Funkeln und Glitzern in die Stickerei bringen, besonders beliebt bei Weihnachtsmotiven. Außer klassischen Metallfarben gibt es auch edelsteinschimmernde Schattierungen sowie mit echtem Silber beschichtetes Metallstickgarn für besonders edle und kostbare Stickereien. **Landhausstickgarn** für rustikale Arbeiten. **Baumwollstickgarn** mit mattem Aussehen für Weißstickerei. Die Motive wirken erhaben in Stärke 30, flacher in 50 und ganz fein in Stärke 80. Der Spulfaden muss fein, aber reißfest sein. Hier eignet sich das Maschinenstickgarn, aber auch **Miniking** oder **Bobbinfil.** Als vorgespulten Unterfaden für alle Maschinen gibt es **Bobbins** in Weiß.

Nadeln

Eine gute Nähmaschinennadel ist beim Nähen und besonders beim Sticken unerlässlich. Ein gut geschliffenes Nadelöhr und eine glatte Spitze verhindern das Reißen des Fadens und das Verletzen des Stoffes. Wählen Sie eine Nadelstärke entsprechend des Verwendungszweckes. Eine dünne Sticknadel produziert sehr feine Stiche, denn bei den eng aneinander liegenden Einstichen entsteht sonst ein grobes Bild. Der Metallicfaden ist nicht sehr reißfest und muss deshalb mit einer Spezialnadel und langsamer Geschwindigkeit verarbeitet werden.
Zum Nähen verwenden Sie Nähmaschinennadeln in den Stärken 70 bis 100, zum Sticken erhalten Sie die Stärken 60 bis 80 und spezielle Nadeln für Metallicfäden. Für Jeans und schwere Stoffe gibt es besonders starke und stabile Nadeln.
Hohlsaumnadeln besitzen ein Schwert, wodurch die Gewebefäden beim Einstechen zur Seite gedrückt werden, bevor sie mit dem Nähfaden umspannt werden. Der Dreifachgeradstich des Hohlsaumstiches zieht den Stoff leicht zusammen, wodurch der Stoff durchstochen wird, ohne dass Fäden gezogen werden.
Zwillingshohlsaumnadeln haben eine doppelte Funktion: die erste Nadel näht den Hohlsaum, die zweite einen parallelen Zierstich.
Zwillingsnadeln bestehen aus zwei in einer Halterung angebrachten Nadeln, jede mit eigenem Oberfaden. Schöne Effekte entstehen durch unterschiedliche Farben, die exakt dasselbe Muster sticken. Zum Sticken der Muster sollten Sie unbedingt die

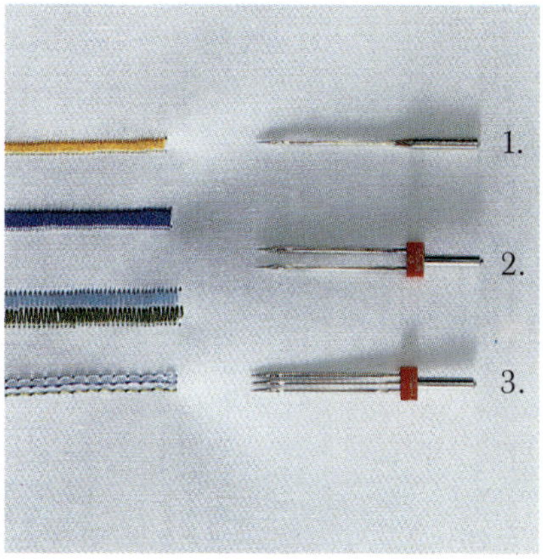

1. Dies ist eine feine Nadel zum Sticken, auch für schmale und breitere Raupennähte geeignet. 2. Die Zwillingsnadel stickt zwei parallele Stiche, hier zwei Raupennähte mit zwei Oberfäden 3. Die Drillingsnadel näht bzw. stickt drei Linien dicht nebeneinander.

Taste „Zwillingsnadel" einschalten, um die Musterbreite zu verringern. Auch Biesen werden mit der Zwillingsnadel genäht. Je nach Nadelabstand werden sie schmaler oder breiter. Es gibt Nadelabstände von 1,6 bis 4 mm. Ein spezieller Biesenfuß hilft, parallele Biesen zu nähen.
Drillingsnadeln besitzen drei eng beieinander liegende Nähmaschinennadeln in einer Halterung. Sie werden mit drei Oberfäden benutzt und nähen eine sehr zarte Ziernaht. Einen dritten Garnrollenhalter erhalten Sie

in den Fachgeschäften als Sonderzubehör.
Stecknadeln mit Glaskopf lassen sich leichter handhaben. Es gibt sie in normaler Länge, besonders lang und dünn mit gelbem Kopf sowie lang und dick mit weißem Kopf als Schwesternnadeln. Die Schwesternnadeln sind für Schnittmuster und grobe Stoffe gut geeignet.

Schneidegeräte

Eine gute **Schneiderschere** (Peltex) erleichtert das exakte Zuschneiden, denn weicht der Stoff aus, entstehen schon dort Ungenauigkeiten. Zur Arbeit an der Nähmaschine genügt eine Arbeitsschere, die Fäden und Stoffecken sauber schneidet. Die **Knopflochschere** erleichtert das Einschneiden von Knopflöchern, ihre Schnittlänge ist einstellbar. Der **Pfeiltrenner** übernimmt ein schnelles Auftrennen von Nähten und Stickereien.

Markierhilfen

Markierstifte zeichnen auf Stoff und verschwinden durch Ansprühen mit Wasser oder durch die Luftfeuchtigkeit. Soll eine Markierung länger zu sehen sein, empfiehlt sich ein Stift, der nur durch Ansprühen gelöscht wird. Kreidestifte zum Anzeichnen gibt es in Weiß und Hellblau. Ein Zeichenstift mit verschiedenen Kreideminen ist sehr praktisch, da die Minenfarbe im Kontrast zur Stofffarbe gewählt werden kann.
Maßband und Handmaß sind unentbehrliche Helfer beim Nähen. Praktisch ist ein Maßband mit einer Öse im Metallclip, da zum Anzeichnen von Kreisen ein Stift hindurchgesteckt werden kann.
Textilkleber „HT2" klebt Textilien aller Art ohne durchzuschlagen. Säume bei Leinenstoffen dehnen sich leicht durch feuchtes Bügeln. Werden sie punktuell mit HT2 fixiert, verschieben sie sich nicht beim Nähen.

Stickhilfen

Avalon ist eine Folie, die nicht nur das Zusammenziehen der Stickerei verhindert, sondern weiche Stoffe stabilisiert und – auf die Oberseite gelegt – Frottierschlingen glatt hält, damit sie das Stickbild nicht stören. Ein Einsinken der Stickerei in dickere Stoffe wird verhindert. Überstehende Reste können abgezogen werden, die eingestickten lösen sich in Wasser auf, sodass die Stickerei nicht hart wird. Dies ist bei leichten Stoffen und Trikots besonders wichtig.
Soluweb ist ein Vliesstoff, der den Stoff beim Sticken verstärkt und ein Zusammenziehen verhindert, Frottierschlaufen abdeckt und ein Absinken der Stickerei verhindert. Einfaches Besprühen mit warmem Wasser löst Soluweb in kleine Kügelchen auf, die leicht zu entfernen sind. Mit einem Bügeleisen können Applikationen platziert oder Säume fixiert werden.
Stickvlies ist eine unentbehrliche Hilfe beim Sticken. Wo viel Garn auf eine Stelle genäht wird, zieht sich der Stoff gerne zusammen, was durch das Vlies verhindert wird. Es wird auf der Unterseite des Stoffes mit in den Stickrahmen gespannt und seine Reste können nach dem Sticken abgezogen werden. Bei dickeren Stoffen kann nur das Stickvlies in den Rahmen gespannt werden, der Stoff wird dann mit Stecknadeln dicht am Rand des Stickrahmens festgesteckt.
Filmoplast H54 ist ein Stickvlies mit einer klebenden Seite. Man klebt es entweder direkt unter das Stickmotiv (besonders bei dünnen Trikots) oder spannt es in den Rahmen, zieht das Schutzpapier in der Größe des Motivs ab und klebt das Stickgut auf. So können selbst kleinste Teile bestickt werden, ohne zu verrutschen. Besonders runde Formen haften gut wie z. B. Schirmmützen.
Volumenvlies 280 ist eine dünne Wattierung, die es in 90 cm Breite gibt.
Stickrahmen mit 6 und 12 cm Durchmesser gibt es in runder Form für alle 9-mm-Stiche, Maxistiche und Monogramme. Die Stickaggregate der Nähmaschinen haben spezielle Rahmen, die in die Halterung eingehängt und automatisch geführt werden. Bei allen Maschinentypen können Sie zwischen mehreren Größen wählen.

Dicke Stoffe werden auf das eingespannte Stickvlies gesteckt, damit sie nicht verrutschen. Frottierschlaufen werden mit Avalon oder Soluweb abgedeckt.

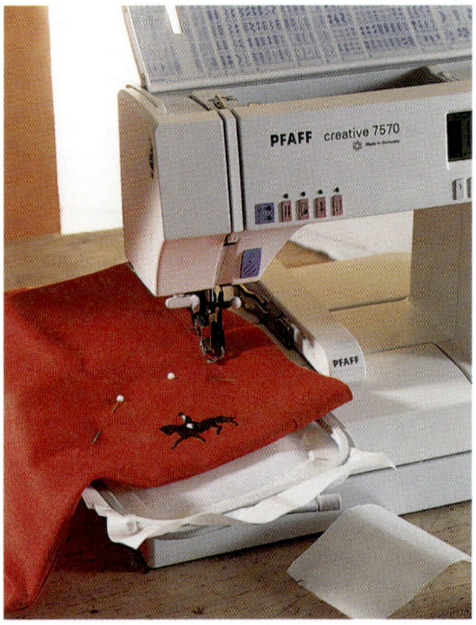

Um Kanten oder kleine Teile zu sticken, klebt man sie auf Filmoplast, ein Stickvlies mit klebender Oberfläche. Bei dünnem Trikot auf die Rückseite geklebt, erleichtert es das Einspannen.

Schrägbandformer erleichtern das Falzen der Kanten von zugeschnittenen Schrägbändern. Durch den Former gezogen, lassen sie sich gleichmäßig bügeln.

Bänder

Nahtband ist ein gewebtes Baumwollband mit festen Kanten. Es wird in unterschiedlichen Breiten und vielen Farben als Meterware oder in einer Länge von 3 und 5 m auf Karten gewickelt, angeboten.
Schrägband ist ein aus Baumwollstoff diagonal geschnittener Streifen, der dehnfähig ist. Da seine Kanten geschnitten sind, wird es mit kleiner Nahtzugabe verarbeitet. Vorgefalzt wird es in den Breiten 12 und 20 mm auf Karten zu 3 oder 5 m sowie als Meterware angeboten.
Der **Schrägbandformer** erleichtert das Falzen mit dem Bügeleisen von glatten und selbst geschnittenen Schrägbändern.

Stoffe

Bei Stoffen sollten Sie unbedingt auf Qualität achten. Es ist nicht nur das Aussehen, welches eine Arbeit stark beeinflusst, auch die Verarbeitung wird mit einem guten Stoff leichter. Für Tischwäsche sollten Sie ein Leinen mit geringem Polyesteranteil oder ein Baumwoll/Leinengemisch, Piqué aus Baumwolle oder reine Baumwolle wählen, bei Servietten bedenken Sie, dass sie saugfähig sein sollen. Bei anderen Dingen sollten Sie nach Nutzen, Griffigkeit und Aussehen entscheiden. Die Herstelleradressen der im Buch verwendeten Materialien finden Sie auf der Seite 95.

Pannenhilfe

Und nun einige Tipps, wie kleine „Katastrophen" behoben werden können:

Die Maschine näht oder stickt Schlaufen:
1. Der Oberfaden ist nicht richtig eingefädelt, auf jeden Fall neu einfädeln!
2. In der Fadenspannung klemmt ein Fadenrest, besonders nach dem Sticken mit Metallfäden.
Hilfe: Lockern Sie die Fadenspannung und ziehen Sie einen dicken Faden durch, reinigen Sie die Fadenspannung mit Druckluft oder lassen Sie die Maschine reinigen. Um ein Stickmotiv zu Ende zu führen, hilft es manchmal, den Faden durch Zeigefinger und Daumen laufen zu lassen, um die Fadenspannung zu erhöhen. Bei Metallfäden hilft es, diese senkrecht auf einen Garnrollenhalter zu stellen.

Sie haben trotz Schlaufenbildung weitergestickt:
Achtung: NICHT das Stickgut aus dem Rahmen nehmen! Stichplatte mit dem Stickgut hochheben (Fingernagel oder Kunststoffgerät zu Hilfe nehmen), außerhalb der Nähmaschine abschneiden und entwirren, Maschine sorgfältig reinigen. Mit Stickvlies neu unterlegen und dann Farbwiederholung wählen.

Der Faden reißt während des Stickens und die Maschine stickt weiter:
1. Einfädeln und schrittweise (Taste) zum Reißpunkt zurückgehen oder
2. einfädeln und die letzte Farbe wiederholen lassen (Taste), der schon gestickte Teil wird dabei überstickt.
3. Oberfadenkontrolle ausstellen, auf Farbenanfang oder Musteranfang stellen und ohne Faden bis zur Reißstelle laufen lassen, weiter sticken, nach Beenden des Stickmotivs die Oberfadenkontrolle wieder einschalten.

Die Stickfläche ist zu dünn ausgestickt:
1. Auf Farbwiederholung stellen und übersticken.
2. Mit doppeltem Oberfaden sticken (nur mit Garnen von Stärke 50).

Dünner Stoff wird in die Stichplatte gezogen:
1. Doppeltes Stickvlies unterlegen.
2. Mit Filmoplast unterkleben, über die Oberfläche Avalon oder Soluweb spannen.

Dünner Stoff kräuselt sich beim Nähen:
Beim Nähen sehr dünner Stoffe (Polyesterstoff oder Voile) verhindert Schreibmaschinenpapier, untergelegt und mitgenäht, ein Kräuseln.

Sie müssen trennen?
Immer von der linken Stoffseite mit dem Pfeiltrenner den Spulenfaden in kleinen Abständen durchtrennen, dann die Fäden ziehen.

Gerade aufgewickelte Spulen und Metallicfäden sollten auf einem senkrechten Spulenhalter stehen, damit sie glatt abgewickelt werden können.

Metallgarne oder doppelte Oberfäden werden mit langsamer Geschwindigkeit genäht (Taste), damit sie nicht reißen.

Eine Schnittkante mit Schrägband einfassen

Möchten Sie eine Schnittkante (z.B. bei einem Set) mit Schrägband einfassen, runden Sie zuvor die Ecken des Stoffes.

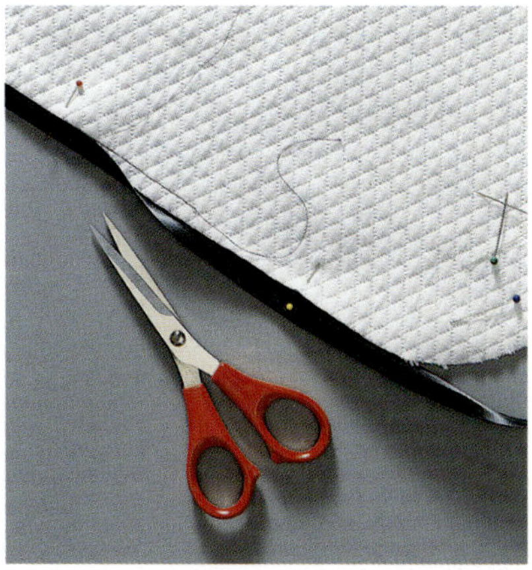

1. Legen Sie dazu einen Tassenkopf oder eine Untertasse an beide Schnittkanten, zeichnen Sie die Rundung nach und schneiden Sie auf der Linie.
2. Schlagen Sie das gefalzte Schrägband auf und stecken Sie es mit seiner Schnittkante an der Schnittkante des Sets fest. In den Kurven stauchen Sie

das Band etwas, damit es nicht zieht. Wenn Sie es knapp vor der Falzkante steppen, lässt sich das Schrägband gut umschlagen.

3. Bügeln Sie das Schrägband zur rechten Stoffseite um. Stecken Sie es nun fest und steppen Sie das Band ganz knapp vor der Falzkante.

4. Besonders schön sieht es aus, wenn die Falzkante mit einer Raupennaht überstickt wird, die farblich abgesetzt ist. Der Zickzackstich der Raupennaht läuft genau über die Bruchkante. Wenn Sie diese Raupennaht mit einer Zwillingsnadel sticken, können Sie sie zweifarbig gestalten.

Raupennaht: Zickzackstich, Stichlänge 0,3 mm, Stichbreite 2–2,5 mm

Eine Ecke nähen

Ecken an quadratischen und rechteckigen Tischdecken sowie an Servietten und Sets erhalten durch schräges Einschlagen und Steppen der Saumzugabe eine diagonale Naht. Wenn der Saum auf die Vorderseite geschlagen wird, bildet er zusammen mit den diagonalen Ecknähten einen dekorativen Rahmen. Eine solche Briefecke sieht bei breiten Säumen besonders dekorativ aus.

Gehen Sie – wie auf den Abbildungen dargestellt – Schritt für Schritt vor und bügeln Sie unbedingt die Kanten. Das Nähen einer Ecke wird dadurch sehr vereinfacht

Schrägbänder aneinander nähen

Werden zwei Schrägbänder aneinander genäht oder die Einrahmung eines Sets geschlossen, schneiden Sie beide Enden im Fadenlauf schräg ab, legen sie mit den Schnittkanten rechts auf rechts aufeinander, wodurch ein rechter Winkel entsteht, und nähen sie aneinander. So bleibt die Elastizität des Schrägbands erhalten.

Bügeln Sie die Saumzugabe in voller Breite und davon dann einen ca. 1 cm breiten Einschlag um. Achten Sie darauf, dass die Bügelkniffe schön gerade sind.

Bügeln Sie die Nahtzugabe auseinander und schrägen Sie sie an den Enden etwas ab.

Schlagen Sie die Ecke bis zum Schnittpunkt der beiden gebügelten Saumlinien diagonal nach innen und bügeln Sie über diese Kante. Dann klappen Sie die Ecke wieder auf.

Fixieren Sie den Saum und steppen Sie ihn knappkantig fest. Stecken Sie die Stecknadeln quer mit dem Kopf zur Kante, um sie besser herausziehen zu können. Bügeln Sie den Saum von Leinen, so dehnt sich der Stoff leicht. In diesem Fall fixieren Sie den Saum mit einigen Punkten Textilkleber.

Legen Sie nun die diagonalen Bügelkniffe rechts auf rechts und steppen Sie entlang der eingebügelten Linien bis 1 cm vor der Schnittkante. Schneiden Sie die Spitze bis zur Nahtzugabe zurück und im Knick leicht ein.

Bei schmalen Säumen und auch bei Säumen in leichten Stoffen bietet sich eine Alternative zur Briefecke an. Hier wird die Saumnaht bis zur Kante geführt Vergessen Sie dabei nicht, den Nahtanfang und das Nahtende zu vernähen.

Das Zuschneiden von runden Tischdecken

Eine runde Decke sollte möglichst aus einem Stück zugeschnitten sein. Für Größen bis zu 150 cm ist das keine Schwierigkeit. Bei größeren Decken müssen Sie auf Stoffbreiten von 180, 230 oder 300 cm zurückgreifen. Firmen, die diese Stoffbreiten führen, sind im Herstellerverzeichnis (Seite 95) aufgeführt.
Bedenken Sie vor dem Kauf, ob die Decke mit einem Formstreifen gesäumt werden soll, denn diesen müssen Sie bei der Stoffberechnung berücksichtigen. Mit einem Formstreifen fällt die Decke sehr schön, sie kann aber auch mit Schrägband gesäumt werden.
Für den Stoffbedarf berechnen Sie: Durchmesser des Tisches plus die doppelte Falllänge. Entscheiden Sie, wie viel Stoff seitlich herunterfallen soll. Für eine Länge bis auf den Stuhlsitz benötigt man ca. 25–30 cm, darüberhinaus etwa 50 cm und für eine bodenlange Decke etwa 72–75 cm. Die Rechnung für eine bodenlange Decke sieht folgendermaßen aus:

Tischdurchmesser	90 cm
2 x Tischhöhe	144 cm
2 x Saumzugabe	2 cm
2 x Formstreifen, 6 cm breit	12 cm
	248 cm

Arbeitsablauf:

1. Zum Zuschneiden wird der Stoff im Bruch glatt ausgelegt, große Stoffe werden zu einem Viertel gefaltet.
2. Nun den Mittelpunkt bestimmen.
3. Eine Schnur in den Mittelpunkt stecken und in der gewünschten Länge an das andere Ende eine Schlaufe für den Stift knoten. Achtung, beim Spannen dehnt sich die Schnur leicht! Besitzen Sie ein Maßband mit einer Öse am Anfang, so stecken Sie den Markierstift durch die Öse.
4. Ziehen Sie einen Halbkreis, bei großen Stoffen einen Viertelkreis, und einen zweiten Kreisbogen für den Formstreifen. Wollen Sie die ganze Breite des Stoffes für die Decke nutzen, können Sie mehrere kleine Formstreifen markieren, die Sie dann rechtwinklig zusammensetzen.
5. Nun auf den Markierungslinien durch alle Stofflagen zuschneiden.
6. Die Formstreifen rechtwinklig zusammennähen.
7. Innenkante des Formstreifens versäubern.
8. Die Formstreifen rechts auf die rechte Deckenkante legen und steppen.
9. Naht gut ausbügeln und Formstreifen glatt zur linken Deckenseite schlagen, von der rechten Deckenseite feststecken und von rechts im gleichmäßigen Abstand steppen. Nehmen Sie dazu das Lineal der Nähmaschine zu Hilfe.

Sollte Ihr Stoff nicht die gewünschte Breite haben, nähen Sie je eine halbe Stoffbahn rechts und links an eine Mittelbahn, dann laufen zwei Nähte seitlich über die Decke. Schneiden Sie danach die Decke zu und verarbeiten Sie sie wie oben beschrieben.

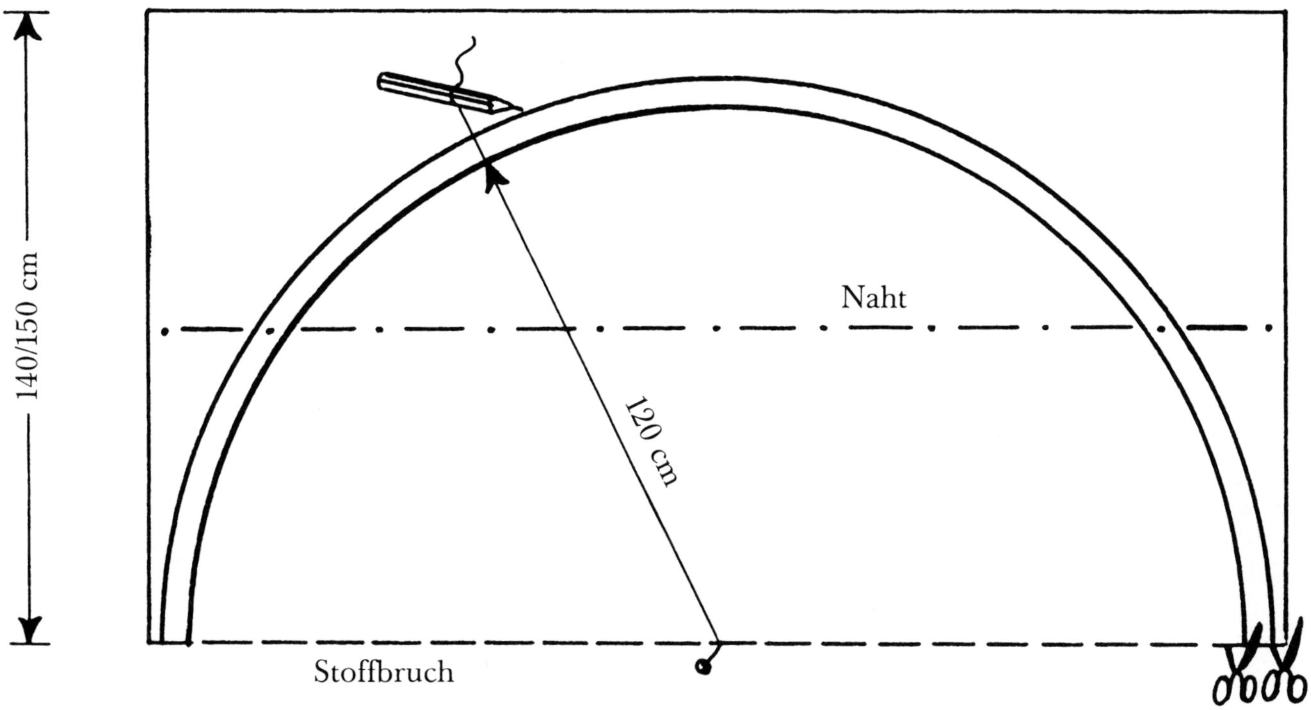

Bei ca. 150 cm breiten Stoffen ist es günstiger an eine breite Mittelbahn zwei schmale Stoffbahnen seitlich abzusetzen. Ziehen Sie den Kreisbogen und schneiden Sie ihn dann zu. So bleibt die Tischplatte ohne Naht.

Über 100 tolle Ideen für die Nähmaschine

Die Kräuterküche

Material:
- Fester, weißer Baumwollstoff
- weißer Piqué
- Schrägband
- Schürzenband
- Nähgarn
- Maschinenstickgarn
- Markierstift

Arbeitsablauf bei allen Teilen:
▷ Zuschneiden
▷ Stickmotiv markieren
▷ Sticken
▷ Nähen
▷ Säumen oder Einfassen

Basilikum, Pfefferminze, Schnittlauch, Kerbel und andere Kräuter sind eine perfekte Dekoration für die Küche. Auf festem weißem Baumwollstoff gestickt, kommen die Kräuter in unterschiedlichen Grüntönen voll zur Geltung. Mit grünem Schrägband eingefasst, wird die frische Wirkung noch unterstrichen. Das Ensemble besteht aus Schürze, Kochbuchhülle, Kräutersäckchen und Merkzettelhalter, Stickmustertuch, Topflappen, Serviette und Serviettentasche. Als Alternative zur Schürze finden Sie eine Bistroschürze, die besonders gerne von Herren getragen wird, da sie einen Eingriff zu den Hosentaschen hat. Das schlichte Monogramm weist den „Chefkoch" aus.

Diskette Nr. 9, Schrift aus dem Standardrepertoire, Brother Piquéstoff Firma Apart

Kleine Kräuterhexenschürze

Die glatte Schürze aus festem Baumwollstoff hat eine bestickte Tasche in der Schürzenmitte. Am oberen Rand steht „Kräuterhexe" geschrieben. Die Seiten sind mit grünem Schrägband eingefasst. Das Einfassen mit Schrägband ist auf Seite 13 in einzelnen Schritten beschrieben. Ober- und Unterkante werden gesäumt. Parallel zur Oberkante ist eine grün/blaue Raupennaht (Zickzackstich mit Stichlänge 0,3 mm, Stichbreite 2,5 mm) mit der Zwillingsnadel gestickt.

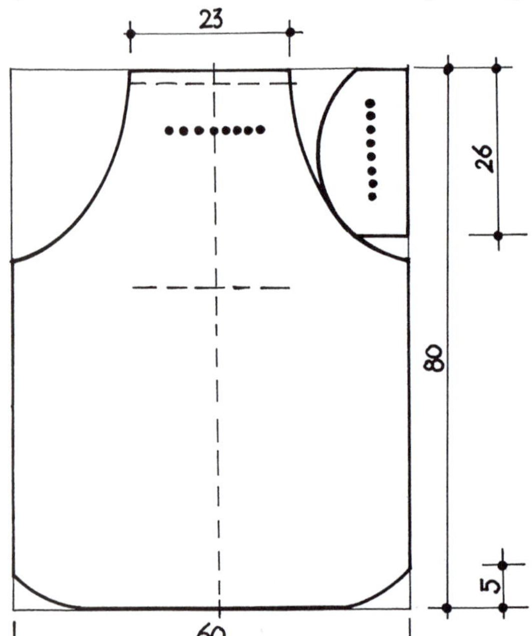

Die Schürze verläuft im Bogen vom Latz zur Hüfte und wird im Rücken gebunden. Der Stoff der Tasche fällt seitlich des Bogens mit ab. Die angegebenen Maße sind für eine Schürze für Personen bis 160 cm Größe gedacht. Für eine größere Schürze müssen Sie 5 cm rundum zugeben oder den Schnitt von der „Gärtnerschürze" auf Seite 24 übernehmen.

Zusätzliches Material:
- 1 Nähfrei-Druckknopf
- 1 Zwillingsnadel

1. Aus 60 x 80 cm Baumwollstoff schneiden Sie nach der Zeichnung Schürze und Tasche zu.
2. Markieren Sie in der Schürzenmitte von oben 4 cm für den oberen Einschlag, bei 9,5 cm eine Linie für den Schriftzug „Kräuterhexe" und 6 cm darunter für das Kräutermotiv. Auf der Taschenmitte sitzt das Motiv 6 cm vom oberen Rand entfernt.
3. Sticken Sie die Motive Nr. 32 und 30 in den gewünschten Farben. Dann wählen Sie die Schreibschrift, geben das Wort „Kräuterhexe" in 16 mm Größe in den Speicher und sticken es oberhalb der Kräuter.

Tipp:
Sollte das Stickgarn die Fläche auf dem dicken Baumwollstoff nicht gut abdecken, sticken Sie jede Farbe zweimal. Dazu wählen Sie im Bildschirm „Hilfe" und „Suche zurück", und die Farbe wird wiederholt.

4. Säumen Sie die obere Schnittkante 4 cm breit zur linken Stoffseite. Nähen Sie von rechts im Abstand 3,5 cm eine Steppnaht. Übersticken Sie die Naht im Zickzackstich (Stichbreite 2,5 mm, Stichlänge 0,3 mm) mit der Zwillingsnadel in zwei Farben.
5. Fassen Sie die Taschen mit Schrägband ein und übersticken Sie die Schrägbandkante von rechts mit einer Raupennaht.
6. Stecken Sie die Tasche auf die Schürzenmitte 38 cm von der Oberkante entfernt fest. Nähen Sie den äußeren runden Rand knappkantig an und übersticken Sie dann die Schrägbandkante von rechts mit der Raupennaht durch beide Stofflagen.
7. Fassen Sie die Schürze rundum mit Schrägband ein. Nähen Sie seitlich je ein Schürzenband von 80 cm und oben links von 50 cm Länge mit ein. Übersticken Sie die eingeschlagene Kante mit einer Raupennaht.
8. Schlagen Sie den Druckknopfkopf in das eingeschlagene Schürzenbandende und das 2. Druckknopfteil in die obere rechte Kante.

Mint
Kräuterhexe
Chervil
AB

**Das Kochbuch verrät:
Hier wird mit Kräutern und Raffinesse gekocht. Ein kleiner Ordner ist dazu besonders geeignet, da die Rezepte immer wieder ergänzt werden können.
Der einfache Ordnerdeckel steckt in einer bestickten Buchhülle, die praktischerweise auch noch waschbar ist. Mit einigen aufgeschriebenen Lieblingsrezepten ist dies ein ausgefallenes Geschenk für eine liebe Freundin.
Bei vielen tollen Rezepten sind Kräuter wichtig, die getrocknet in verschiedenen Säckchen aufbewahrt werden. Und einen Merkzettel für die übrigen Zutaten liefert der kleine Block, dessen Rückseite bestickt und bezogen ist.**

Kräuterhexenbuch

Für das „Kräuterhexenbuch“ nehmen Sie einen DIN-A5-Ordner und nähen eine Stoffhülle, deren Kanten mit Schrägband eingefasst sind.

1. Schneiden Sie ein Stoffstück 24,5 x 60 cm zu.
2. Markieren Sie den Mittelpunkt des Stickmotivs und der Schrift 17,5 cm von der rechten und 12 bzw. 6 cm von der unteren Schnittkante.
3. Sticken Sie das Motiv Nr. 32 und programmieren Sie das Wort „Kräuterhexenbuch“ in 10-mm-Blockschrift. Da das Wort sehr lang ist, benötigen Sie den großen Rahmen und sticken im rechten Winkel zur Leserichtung. Nun markieren Sie den Buchrücken mit einer Raupennaht 25 cm von der rechten Schnittkante entfernt.
4. Fassen Sie erst die senkrechten Einschlagkanten, dann die waagerechten Schnittkanten mit einem Schrägband ein, und übersticken Sie nun die Schrägbandkante von rechts mit einer Raupennaht. Schlagen Sie die rechte und die linke Kante 8 cm breit nach innen. Dann steppen Sie knapp neben der Raupennaht den Einschlag oben, schieben den Ordner ein und steppen an der Unterkante auch knapp neben der Raupennaht, damit der Ordner fest in der Hülle steckt.

Kräutersäckchen

Kräutersäckchen sind praktisch und schön für getrocknete Minze, Beifuß, Salbei oder Lorbeer. Lavendelsäckchen schützen im Wäsche- und Kleiderschrank vor Motten. Als kleine Geschenke sind sie immer willkommen. Für große Säckchen nehmen Sie ein Stoffstück von der Größe 35 x 44 cm, für kleine 20 x 30 cm. Das Kräutermotiv sticken Sie in die Mitte der Vorderseite 10 bzw. 6 cm vom unteren Rand entfernt. Schließen Sie dann die Nähte unten und seitlich, fassen Sie den oberen Rand mit Schrägband ein. Ein Nahtband verschnürt das Säckchen dekorativ.

Merkzettelhalter

Zusätzliches Material:
- 1 Notizblock 12 x 15,5 cm
- HT2 Textilkleber
- 60 cm Seidenband 1 cm breit
- 1 Klammer

Der in der Küche unerlässliche Notizblock bekommt eine stoffbespannte Rückseite, die durch ihre Stickerei zur Vorderseite wird. Schneiden Sie ein 14 x 18 cm großes Stoffstück zu, dann sticken Sie in die Mitte das Kräutermotiv Nr. 36 und umranden Sie es 2 cm von der Bruchkante entfernt mit einer Raupennaht. Nun kleben Sie den Stoff mittig auf die Pappe, schlagen die Enden über die Kanten zur Innenseite und verdecken die Schnittkante mit einem schmalen Seidenband. Die Klammer hält den Block zusammen und dient gleichzeitig als Aufhänger.

Stickmustertuch

Gibt es ein passenderes Bild für die Küche als ein Stickmustertuch, auf dem Kräuter abgebildet sind? Es sieht dekorativ aus und führt sogleich die wichtigsten Kräuter vor Augen: Kerbel, Fenchel, Minze, Schnittlauch und Basilikum sind symmetrisch angeordnet. Eine überstickte Saumkante rahmt den „Kräuterreigen“ ein.

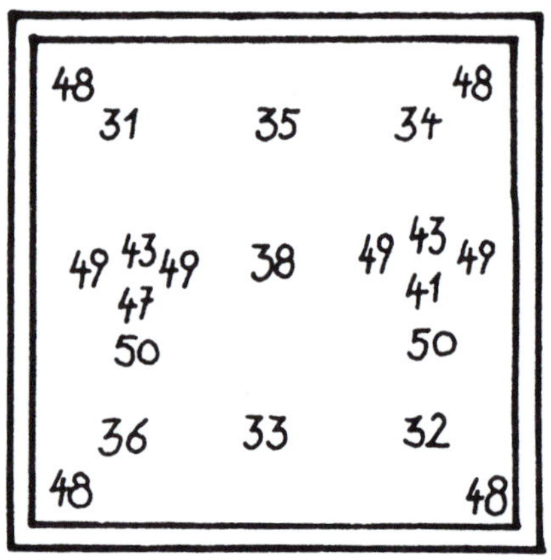

Die Zeichnung zeigt die Anordnung der Motive, die Zahlen entsprechen den Nummern der Kräuter auf der Diskette.

Das Stickmustertuch hat die fertige Größe von 41 x 41 cm. Die Kräuter sind symmetrisch angeordnet – je drei in einer Reihe waagerecht und senkrecht. Die Motive von oben sind: Nr. 31, 35, 34. 2. Reihe 49, 43 und 47, 49, darunter 50, in der Mitte 38, rechts 49, 43 und 41, 49, darunter 50. Die untere Reihe zeigt 36, 33 und 32. In die Ecken sticken Sie Nr. 48 und unten in die Mitte Ihr Monogramm. Nähen Sie die Ecken, wie auf Seite 14 beschrieben und den Saum 4 cm breit mit 1 cm Einschlag. Zur Betonung des Rahmens übersticken Sie die Saumkante mit einer Raupennaht und einem Dreifachgeradstich in 4 mm Abstand.

Die Bistroschürze ist ein Renner bei Köchen. Sie ist schnell umgebunden und ein wunderbares Geschenk für „ihn“. Quadratische Topflappen eignen sich für Töpfe auf dem Herd, Handschuhtopflappen benutzt der Koch gerne, wenn er in den Backofen fassen muss. Mit einem Kräutermotiv bestickt sehen sie zauberhaft aus und sind nützliche Geschenke, die immer willkommen sind.

Topflappen

Selbst Topflappen können ein Schmuck für die Küche sein, wenn sie so dekorativ mit Kräutern bestickt sind. Piquéstoff isoliert ideal, lässt sich gut waschen und sieht frisch aus.

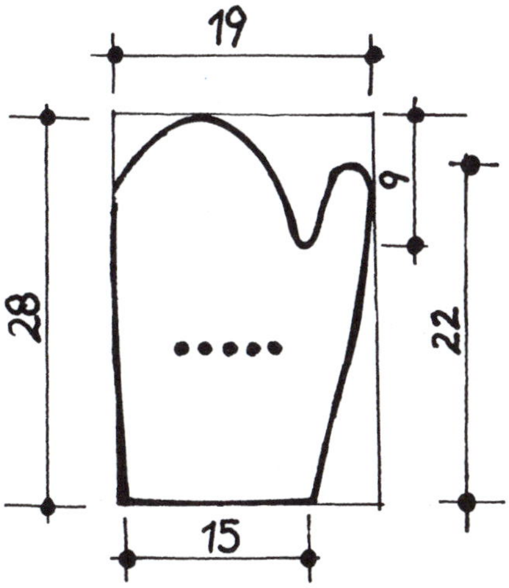

Den Schnitt des Handschuhtopflappens können Sie entweder vergrößert nachzeichnen oder fotokopieren und mit entsprechender Vergrößerung auf die richtigen Maße bringen.

Der „kleine Topflappen“ mit Kräutermotiv Nr. 31 in der Mitte misst 20 x 20 cm. Nehmen Sie zwei Stofflagen. Auf die obere Lage sticken Sie das Motiv. Nun legen Sie die Stoffe aufeinander und runden die Ecken. Zum Aufhängen steppen Sie ein 11 cm langes Schrägband seitlich zusammen, legen es zu einer Schlaufe und stecken es in die Mitte der Oberkante. Fassen Sie den Topflappen mit Schrägband ein und übersticken Sie die Kante mit einer Raupennaht.

Der „Handschuhtopflappen“ schützt die Hände vor allen Dingen im Backofen. Auch hier ist Piqué ein geeigneter Stoff. Die Maße sind 19 x 28 cm, seine Form entnehmen Sie der Zeichnung. Sticken Sie das Motiv jeweils in die Mitte der Oberseite, 11 cm vom unteren Rand entfernt, beachten Sie dabei die rechte und die linke Hand. Nähen Sie beide Teile links auf links zusammen, der Eingriff bleibt offen. Fassen Sie erst den Eingriff mit Schrägband ein, dann die Außenkanten. Am Handrücken steppen Sie das Schrägband 8 cm weiter zu, legen es zu einer Schlaufe und nähen das eingeschlagene Ende fest.

Bistroschürze

Die Bistroschürze, besonders bei den Herren beliebt, besteht aus einem glatten Stoffstück mit seitlichen Schlitzen für die Hosentaschen.

Das Monogramm weist den „Chefkoch“ aus.

Sie benötigen außer Schürzenstoff noch zwei Reststücke, je 11 x 29 cm zum Verstürzen der Taschenschlitze, 3 m weißes Nahtband und 1, 20 m grünes Schrägband.

1. Schneiden Sie ein 85 x 114 cm großes Stück Stoff zu, bei sehr großen Köchen nehmen Sie 95 cm für die Länge.

2. Markieren Sie den Mittelpunkt des Monogramms 16 cm links von der Mitte und 5 cm von der oberen Schnittkante. Die seitlichen Schlitze mit einer Länge von 18 cm zeichnen Sie rechts und links, 28 cm von der vorderen Mitte und im Abstand von 5 cm von der oberen Kante ein.

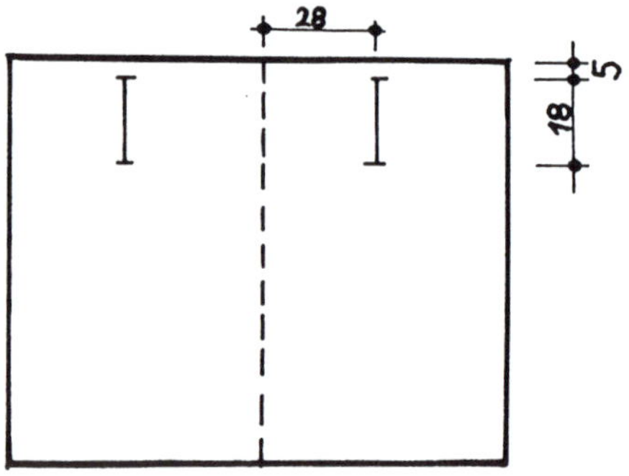

Die Zeichnung zeigt das 85 x 114 cm große Rechteck der Bistroschürze mit zwei versäuberten Schlitzen am oberen Rand. Die Schürzenbänder werden im Rücken gekreuzt und auf dem Bauch zu einer Schleife gebunden.

3. Sticken Sie das Monogramm in 14 mm großer Blockschrift.
4. Versäubern Sie die Tascheneingriffe. Dazu stecken Sie den Stoffrest mittig auf die linke Stoffseite und steppen im Abstand von 5 mm rund um die Markierung. Schneiden Sie durch beide Stofflagen Schlitze und die Ecken ein und ziehen Sie dann den Besatz auf die rechte Stoffseite. Bügeln Sie erst den Schlitz, dann die Außenkante 1 cm ein, der Besatz bekommt ober- und unterhalb des Schlitzes eine Falte. Steppen Sie die Kanten knapp und füßchenbreit.
5. Säumen Sie die Schürze seitlich 2 und unten 4 cm breit. Dann bügeln Sie das grüne Schrägbandlängs zur Hälfte und steppen es mit den Schnittkanten an den oberen Rand.
6. Nun fassen Sie den Bund mit zwei gegeneinander genähten Nahtbändern ein. An der Rückseite verdeckt das Band die Nahtzugabe in der Länge der Schürze. An der Vorderseite verbleiben an jeder Seite 80 cm zum Binden. Steppen Sie einmal knapp, einmal füßchenbreit. Das grüne Schrägband am Schürzenrand lassen Sie 3 mm herausschauen.

Set

Das Set hat eine Größe von 35 x 45 cm. Runden Sie die Ecken und sticken Sie das Kräutermotiv auf die linke Seite. Der Mittelpunkt des Stickmotivs befindet sich 8 cm von der Außenkante entfernt. Säumen Sie die Kanten mit Schrägband und übersticken Sie die Schrägbandkante mit einer Raupennaht.

Servietten

Zusätzliches Material:
- Leinen oder Baumwollleinen für die Servietten

1. Pro Serviette schneiden Sie ein Quadrat von 54 x 54 cm zu.
2. In einer Ecke markieren Sie den Mittelpunkt der Stickerei mit jeweils 12 cm Kantenabstand. Sticken Sie die Motive Nr. 37 und Nr. 1 ohne Applikation und diagonal daneben ein kleines Monogramm in Schreibschrift.
3. Säumen Sie die Serviette mit einem 4 cm breiten Saum, davon 1 cm Einschlag, und übersticken Sie die Saumkante mit einer Raupennaht.

Serviettentasche

1. Die Serviettentasche besteht aus 26 x 37 cm Piquéstoff.
2. Die Stickerei befindet sich 6 cm von der oberen und 8 cm von der seitlichen Kante entfernt (Nr. 32).
3. Fassen Sie die untere Kante mit Schrägband ein und übersticken Sie den Ansatz mit einer Raupennaht.
4. Runden Sie die Ecken des 12 cm breiten Überschlags. Fassen Sie dann alle Schnittkanten mit Schrägband ein. Sticken Sie auch hier eine schmückende Raupennaht.
5. Zum Schluss bügeln Sie Ihre zauberhafte Serviettentasche.
(Raupennaht: Zickzackstich, Stichlänge 0,3 mm, Stichbreite 2–2,5 mm)

Set, Serviette und Serviettentasche mit frischem Grün machen Appetit auf gutes Essen. Bei den vielen Kräutermotiven der Diskette kann jedes Familienmitglied sein Lieblingskraut bekommen.

Dekorative Geschirrtücher

Welche Freude wird das Abtrocknen mit diesen Geschirrtüchern sein! Geschmückt mit Äpfeln, Pilzen und Radieschen sind sie eine Zierde für jede Küche. Die Disketten bieten eine reiche Auswahl von Obst- und Gemüsemustern. Das beliebte Motiv von Hahn und Henne ist links mit einem sehr farbenprächtigen Paar vertreten, rechts klassisch in blauem Kreuzstich. Auf dem Tuch das über dem Korbrand liegt, ist ein bunter Blumenstrauß gestickt. Bei so viel Pracht darf das Monogramm nicht fehlen. Wählen Sie unter den vielen Schriften eine passende aus.

Disketten Pfaff
Geschirrtücher Firma Opel

Material:
- Geschirrtücher
- Maschinenstickgarn in vielen Farben

Die Motive werden alle 12 cm, vom unteren Rand entfernt, gestickt, die Monogramme 13 cm vom oberen Rand in die Mitte des Tuchs. Auf der Wäscheleine hängen von links nach rechts: eine Serie Äpfel von Diskette Nr. 13. Das Motiv wird vier Mal gestickt, jedes zweite gespiegelt. Den prächtigen Hahn vor der pickenden Henne finden Sie auf Diskette Nr. 19. Das Motiv wird 6 cm von der Mitte nach links wie programmiert, nach rechts gespiegelt gestickt. Die roten Pilze im Kreuzstich von Diskette 14 sind gleich drei Mal gestickt: in die Mitte und 11 cm nach rechts und links. Die zwei Tücher mit blauen Streifen sind mit Körben voller Kornblumen von Diskette 28 geschmückt. Die beiden Körbe rechts und links sind 12 cm von der Mitte entfernt, der in der Mitte stehende Korb ist weiß gestickt, damit er sich besser abhebt.

Das rechte Tuch zeigt Hahn und Henne in blauem Kreuzstichmuster von Diskette 14. Sie beginnen mit dem Sticken von der Mitte jeweils 11 cm entfernt. Auf einer Seite ist das Motiv gespiegelt. Die Radieschen treten gleich in Massen auf: zweimal auf der linken Tuchhälfte, dann gespiegelt auf der rechten. Sie finden Sie auf Diskette 13. Das erste Motiv ist 7 cm, das zweite 14 cm von der Mitte entfernt. Die roten Radieschen wirken besonders plastisch, wenn Sie ein Ombrégarn rot/weiß verwenden und die Blätter mit grün/weiß sticken. Das Tuch über dem Rand des Wäschekorbes ist mit einem Blumenstrauß von Diskette 15 bestickt. Das Motiv sitzt je 8 cm von der Mitte entfernt rechts und links.
Die Monogramme von den Disketten 1, 4 und 24 sind teilweise im Memoryspeicher der Nähmaschine versetzt programmiert.

Gärtnerschürzen

Auch Erdbeeren sind ein frisches und fröhliches Muster für Küche und Garten. Aus drei Teilen zusammengesetzt, lässt sich das Motiv immer wieder anders kombinieren. Eine Gärtnerschürze, die damit und mit dem eigenen Namen versehen wurde, regt geradezu zur Gartenarbeit an. Mit einem kleinen Erdbeermotiv hat Omi außerdem runde Tüchlein bestickt, die sie über die Gläser ihrer selbst gekochten Marmelade stülpt. Und selbstverständlich sind auch die Geschirrtücher hübsch verziert, so passt alles zusammen.

Disketten Nr. 1, 2 und 14, Brother Küchentücher Firma Opel

Material:
- Fester, dunkler Baumwollstoff
- Nahtband 2 cm breit
- Schrägband
- Nähgarn
- Maschinenstickgarn
- Nähfrei-Druckknöpfe
- Kreidestift zum Markieren

Arbeitsablauf:
▷ Zuschneiden
▷ Stickmotiv markieren und sticken
▷ Tasche aufnähen
▷ Säumen
▷ Druckknöpfe einschlagen

Schürzen

1. Schneiden Sie die Schürze in der gewünschten Größe zu.
2. Auf allen drei Schürzen schmückt das komplette Erdbeermotiv die Taschen. Am Oberteil variieren Sie: Opas Name von Diskette 1 wird links ergänzt von Muster Nr. 12, auf Hannas Schürze finden sich die Erdbeeren

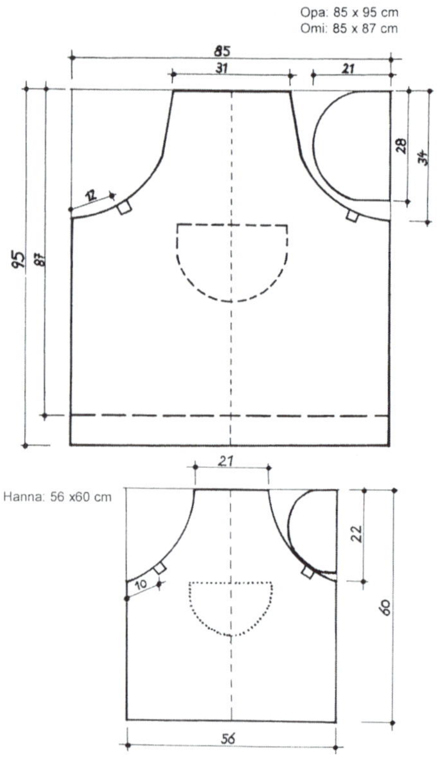

Die Schürze ist in 3 Größen gezeichnet: für Erwachsene mit einer Körpergröße von 180 cm oder 165 cm sowie für Kinder mit 140 cm Größe. Weitere Größen lassen sich daraus leicht ableiten.

Hanna und Omi können ihre Schürzen noch zu einem „Bauchladen" knöpfen, denn sie haben in den unteren Ecken je einen Druckknopf, dessen Gegenstück 12 bzw. 10 cm neben dem seitlichen Schürzenband angebracht ist. Hochgeknöpft entsteht eine praktische Tasche, in der beispielsweise frisch geschnittene Rosen oder Kräuter transportiert werden können.

Opa
AB
AB

unter ihrem Namen in der Mitte des Latzes und Omis Name wird von kleinen Erdbeeren von Diskette 2 eingerahmt.

3. Nun säumen Sie die obere Taschenkante, bügeln die Nahtzugabe der Rundung 1 cm zur linken Stoffseite und steppen die Tasche auf die Schürzenmitte 30 cm, (22 cm bei Hanna) unterhalb der oberen Kante.

4. Versäubern Sie die seitlichen Schnittkanten des Latzes mit einem Schrägband und säumen Sie die Oberkante. Die übrigen Kanten bügeln Sie zur linken Stoffseite und steppen ein Nahtband darüber. Zum Binden nähen Sie je ein 80 cm langes Schürzenband in die seitlichen Ecken, für die Kinderschürze reichen 65 cm. Am Oberteil nähen Sie an die rechte Kante ein 75 cm (68 cm) langes Nahtband.

5. Säumen Sie das Nahtbandende und schlagen Sie in die doppelte Stofflage einen Druckknopf ein, seinen Gegenknopf an die linke Oberkante der Schürze. Für die Kinderschürze schlagen Sie das Nahtband 10 cm um, und versehen es mit zwei Druckknöpfen in 8 cm Abstand, damit die Schürze mitwachsen kann.

Geschirrtücher

Zum Benutzen viel zu schade, könnte man bei den bestickten Geschirrtüchern sagen, doch sie sind gut waschbar und machen das Abtrocknen zur Freude. Auf dem linken Tuch umrahmt das Erdbeermuster halbkreisartig ein Monogramm. Der Mittelpunkt des Musters liegt 16 cm über der unteren Tuchkante. Spannen Sie den Stickrahmen parallel zur Kante ein und sticken Sie das Muster in den angegebenen Schritten. Das Monogramm von Diskette 1 wird mit einer Schriftgröße von 2,5 cm gestickt, sein Mittelpunkt liegt 21 cm über der unteren Tuchkante. Nicht ganz vorschriftsmäßig, aber sehr reizvoll ist das andere Erdbeermuster gestickt. Sie beginnen mit Muster 12, lassen Muster 10 mit vertauschten Grüntönen folgen, drehen dann den Stickrahmen um 90° und sticken Muster Nr. 12 gespiegelt. Sollen die Geschirrtücher an einen Haken gehängt werden, ist ein grünes Nahtband an der obere Kante sehr dekorativ.

Omis ganzer Stolz ist ihre selbst gekochte Marmelade. Zum Verschenken bestickt sie ein Deckchen mit der gleichen Frucht und stülpt es über den Deckel.

Marmeladenglas-deckchen

Für ein kleines Marmeladenglas wird ein Stoffkreis mit einem Durchmesser von 18 cm benötigt, für ein größeres 20–21 cm. Auf den Disketten finden Sie die unterschiedlichsten Motive. Ein Monogramm in der Mitte, umrahmt von einer runden Raupennaht oder ein durch Baumwollspitze dekorierter Saum sind weitere reizvolle Gestaltungsmöglichkeiten.
Raupennaht: Stellt man den Zickzackstich auf die sehr kleine Stichlänge von 0,3 mm und die Stichbreite von 2–3 mm, erhält man eine Raupennaht. Man fasst damit Kanten ein, umrahmt Applikationen, überstickt Saumkanten oder nutzt sie als Ziernaht. Mit der Zwillingsnadel in unterschiedlichen Farben gestickt, laufen zwei Raupennähte parallel, was einen sehr schönen Effekt ergibt.
Nähen oder sticken Sie mit einer Zwillingsnadel, so fädeln Sie zwei Oberfäden ein, in jedes Öhr einen Faden. Die Spule bleibt unverändert, der Faden legt sich von einer Seite zur anderen wie beim Zickzackstich.

Gemüsekorb-decke

Eine Decke, die Appetit auf frisches Gemüse macht: Körbe voller Möhren oder Radi, ein dicker Kohlkopf und Kräuter sind das zentrale Motiv. Fünf Körbe sind jeweils im Quadrat angeordnet, ein Eckkorb weist schräg auf die nächste Reihe. Eingerahmt werden die Körbe von einem Zierstich aus dem 9-mm-Programm, der als doppelter Kreuzstich mit der Zwillingsnadel gearbeitet wird. Auch hierbei werden die Ecken abgeschrägt. Drei farbkräftige Nahtbänder, deren Kanten mit einer Raupennaht überstickt sind, betonen den Saum.

Diskette 14 und Muster Nr. 105, Pfaff

Material:
- 150 x 150 cm Baumwollstoff
- 6 m Nahtband 1,5 cm breit (Blau)
- 6 m Nahtband 2 cm breit (Rot)
- 6 m Nahtband 2 cm Breit (Grün)
- Maschinenstickgarn
- Zwillingsnadel
- Markierstift

Arbeitsablauf:
▷ Zuschneiden
▷ Markieren
▷ Sticken
▷ Mit Nahtbändern säumen

Die Decke hat die fertige Größe 132 x 132 cm.
1. Schneiden Sie die Decke fadengerade zu.
2. Markieren Sie in der Deckenmitte ein Quadrat mit dem Abstand 17 cm vom Mittelpunkt und ein zweites mit 20 cm Abstand. 2 cm vor jeder Ecke zeichnen Sie eine Diagonale zur anderen Linie. Auf jeder Seite des kleineren Quadrats markieren Sie die sieben Mittelpunkte der Korbmotive: in der Mitte beginnend zu beiden Seiten je 3 in 6 cm Abstand.
3. Sticken Sie die Gemüsekörbe auf der Seitenlinie gerade, die Eckmotive diagonal. Variieren Sie die Farben des Gemüses. Unterhalb der Körbe auf der zweiten Linie sticken Sie mit der Zwillingsnadel einen doppelten Kreuzstich (Muster 105 aus dem 9-mm-Programm der Nähmaschine) in den Farben Grün und Braun.
4. Bügeln Sie die Saumkanten 9 cm breit zur rechten Stoffseite um und nähen Sie die Ecken. (siehe Seite 14). Steppen Sie dann das erste Nahtband im Abstand 6 cm von der Saumkante beginnend auf. Es folgen das zweite und dritte Band.
5. Übersticken Sie die Bandkanten mit einer Raupennaht in den Farben der Bänder.

Raupennaht: Zickzackstich, Stichlänge 0,3 mm, Stichbreite 2 mm.

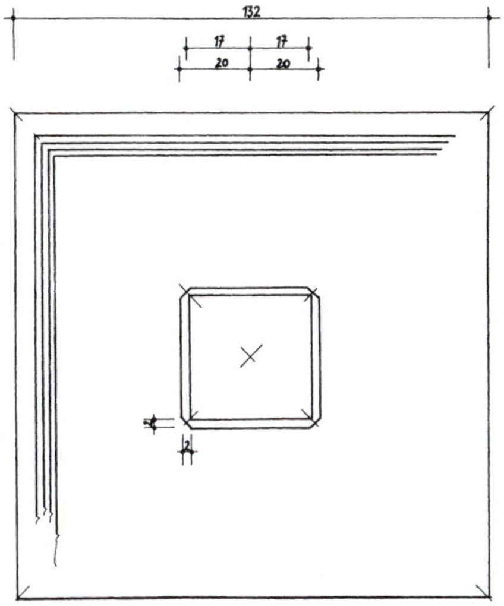

Zeichnen Sie zwei Quadrate in die Deckenmitte, das erste für die Mittelpunkte des Korbmotivs, das zweite mit abgeschrägten Ecken für die Zierstichumrandung.

Kornblumendecke

Ein Frühstück mit Kornblumen, Ei und Kaffee, mit Zeitung und Sonnenschein, das bleibt kein Traum, wenn Sie diese Mitteldecke sticken. Das Muster der blauen Kornblumen, die in einem geflochtenen Korb stecken, finden Sie auf der Diskette. In der Deckenmitte werden die Körbe in der vorgegebenen Größe gestickt, am Rand zweimal vergrößert. Sie sind dicht nebeneinander gestickt und von zwei grünen Raupennähten umrahmt. Der Deckenrand ist mit blauem Schrägband und grünem Nahtband eingefasst, darüber stehen auf jeder Seite 7 Körbe. In einer Ecke signieren Sie mit Ihrem Monogramm.
Für passende Eierhütchen wird ein Stück Tischband bestickt und oben mit einem Schleifchen zusammengezogen. Serviettentasche und Serviette dürfen nicht fehlen. Auf der Serviettentasche, ebenfalls mit blauem Schrägband eingefasst, findet sich neben dem Kornblumenkorb das Monogramm. Die Serviette aus grünem Baumwollstoff ist an der Saumkante mit einer leuchtend blauen Raupennaht überstickt. Im gleichen Farbton entstand auch das diagonal in eine Ecke gestickte Monogramm.

Disketten 1, 4, 28, Pfaff
Piqué Firma Apart

Material:
- 84 x 84 cm Streifenpiqué
- 3,50 m Schrägband
- 3,50 m Nahtband 2 cm breit
- Nähgarn
- Maschinenstickgarn

Arbeitsablauf:
▷Zuschneiden und Kanten versäubern
▷Sticken
▷Mit Schrägband einfassen
▷Nahtband annähen
▷Kanten übersticken

Die Serviettentasche ist passend zur Decke gearbeitet. Die grüne Serviette hat ein hellblaues Monogramm, ihre Saumkante ist mit einer Raupennaht überstickt. Die Eierhütchen werden aus der Meterware Tischband gefertigt und oben mit einer Schleife geschlossen. Auf blauen Untergrund sind die Blumen in weiß gestickt.

Tischdecke

Die fertige Größe beträgt 84 x 84 cm.
1. Schneiden Sie die Mitteldecke 84 x 84 cm groß zu. Versäubern Sie die Schnittkanten, am besten mit einer Overlockmaschine.
2. Zeichnen Sie um die Deckenmitte in 6 cm Abstand ein Quadrat, auf dem Sie die Mittelpunkte der Motive markieren: von der Mitte je 3 cm nach rechts und links. Als Rahmen verlaufen 9 und 10 cm von der Deckenmitte entfernt zwei dunkelgrüne Raupennähte. Am Deckenrand werden jeweils 7 Motive gestickt, ihr Mittelpunkt liegt auf einer Linie 6,5 cm von der äußeren Kante entfernt. Ein Motiv befindet sich in der Kantenmitte, je drei in einem Abstand

Aus einem Tischband ist schnell ein Eierhütchen genäht.

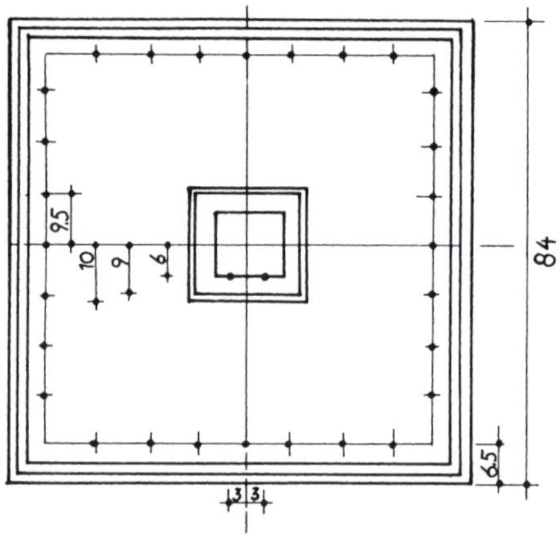

Die Zeichnung zeigt die Aufteilung der Motive und die Abstände der Körbe zueinander.

von 9,5 cm zu beiden Seiten. Bestimmen Sie den Mittelpunkt Ihres Monogramms auf der Diagonalen einer Ecke, 11 cm von der Außenkante entfernt. Wählen Sie die Schreibschrift von Diskette 1 mit einer Schriftgröße von 21 mm. Sticken Sie 2 Kornblumenkörbe auf jede Seite des Mittelmotivs, dann auf die markierten Linien eine Raupennaht. Am Deckenrand sticken Sie je 7 Motive in der Größe 6,3 x 7,3 mm, in die markierte Ecke Ihr Monogramm in Schreibschrift von Diskette 1 in 21 mm Größe.
3. Das Schrägband nähen Sie erst auf der linken Stoffseite in der aufgeschlagenen Bruchkante an die versäuberte Schnittkante und bügeln es dann zur rechten Stoffseite mit aufgeschlagenem Einschlag.
4. An die Bruchkante des Schrägbandes steppen Sie von rechts das Nahtband, die Ecken schlagen Sie im rechten Winkel ein.
5. Übersticken Sie die Kanten des Nahtbandes jeweils mit einer Raupennaht, verwenden Sie die Farben der Kornblumen.

Serviettentasche

1. Die Serviettentasche schneiden Sie 26 x 39 cm groß zu und versäubern die Kanten.
2. Markieren Sie 7 cm von der linken, 6 cm von der oberen Schnittkante entfernt den Mittelpunkt des Stickmotivs und sticken Sie das kleine Motiv und daneben ein kleines Monogramm in Schreibschrift.
3. Nun fassen Sie die untere Kante mit Schrägband ein und übersticken die Bruchkante mit einer Raupennaht. Danach runden Sie die oberen Ecken, schlagen das untere Taschenteil 9 cm hoch und steppen 5 mm von der Schnittkante entfernt beide Seiten. Fassen Sie dann die Schnittkante mit dem Schrägband ein, Anfang und Ende werden dabei 1 cm zurückgeschlagen. Die Schrägbandkante übersticken Sie mit einer Raupennaht.

Servietten

1. Schneiden Sie den Stoff für die Serviette 52 x 52 cm zu.
2. Für das Monogramm markieren Sie den Mittelpunkt in der Diagonalen einer Ecke, 17 cm von der Außenkante entfernt. Sticken Sie das Monogramm von Diskette 4.
3. Nähen Sie die Ecken (wie auf Seite 14 beschrieben) und säumen Sie die Serviette 3 cm breit. Die Saumkante übersticken Sie mit einer Raupennaht (Raupennaht: Zickzackstich, Stichlänge 0,3 mm, Stichbreite 2,5 mm).

Eierhütchen

1. Für die Eierhütchen schneiden Sie aus 10 cm breitem Tischband jeweils 2 Teile von je 19 cm Länge zu.
2. Der Mittelpunkt des Kornblumenmotivs liegt 3 cm über dem unteren Rand in der Mitte des Tischbandstreifens. Sticken Sie das Motiv vergrößert auf 53 x 61 mm mit weißen Blüten.
3. Schließen Sie jedes Teil mit einer Naht. Stecken Sie sie mit der Wattierung dazwischen ineinander und steppen Sie Ober- und Unterkante.
4. Mit einem Baumwollband binden Sie eine dekorative Schleife.

Landhaus-
decke

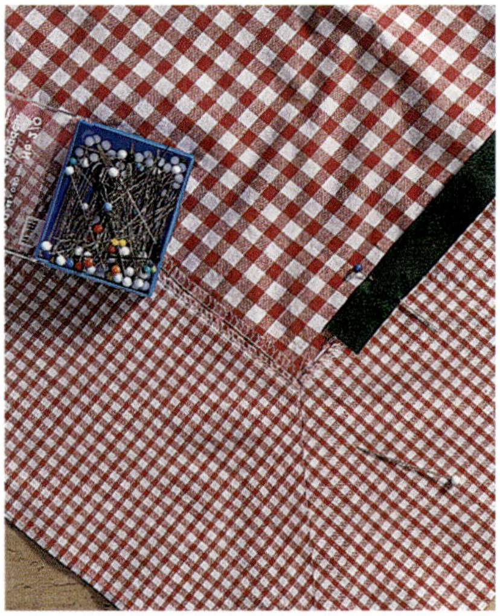

Die doppelte Ecke arbeiten Sie nach dem gleichen Prinzip wie die einfache Ecke: Verlängern Sie die Seitenlänge an jeder Kante um die Breite des Ansatzstreifens plus der Nahtzugabe.
Der zugegebene Stoff steht gleichmäßig zu beiden Seiten über und ergibt die Ecke. Diese bügeln Sie jeweils im 45°-Winkel und erhalten die Diagonale. Aufgeklappt nähen Sie rechts auf rechts von je zwei Seitenteilen die Winkel in der Bügelkante und schneiden den überschüssigen Stoff ab. Dann schlagen Sie den Stoff zur rechten Seite, ziehen die Ecke sorgfältig heraus und bügeln die ganze Kante.

Bauernkaros und rustikale Muster bringen einem Tisch einen ländlichen Charme. Frisch wirkt die rot/weiß karierte Decke, deren inneres großes Karo von einem klein karierten Rand eingefasst ist. Ein grünes Nahtband überdeckt die Naht, bestimmt aber auch den Farbton für die Servietten. Und was für Servietten: Hase, Schafe, Enten und Hühner, Wildenten und Fasan sind die passenden Motive. Da soll ein deftiges Essen mit Bauernbrot und Rotwein wohl munden! Die Decke ist sehr einfach zu nähen und zeigt, dass auch weniger breite Stoffe miteinander kombiniert die gewünschte Deckengröße ergeben. Die Servietten können Sie selber nähen oder fertig kaufen. Mit den Stickereien verziert, gehören sie eindeutig zur Landhausdecke.

Disketten 19 und 21, Pfaff
Servietten Firma Apart

Material:
- 125 x 125 cm
  groß karierter Baumwollstoff
- 120 x 150 cm
  klein karierter Baumwollstoff
- 5 m Nahtband 2 cm breit
- 6 Servietten, je 42 x 42 cm
- Nähgarn
- Maschinenstickgarn

Arbeitsablauf:
▷ Zuschneiden
▷ Nähen
▷ Nahtband aufnähen
▷ Servietten besticken

Tischdecke

Die fertige Deckengröße beträgt ca. 150 x 150 cm.
1. Überprüfen Sie, ob die Schnittkanten des groß karierten Stoffs gerade sind. Schneiden Sie von dem klein karierten Stoff vier Bahnen à 30 x 150 cm zu.
2. Nähen Sie die klein karierten Bahnen an jede der vier Seiten, jeweils in der Mitte beginnend rechts auf die linke Stoffseite des großen Karos. Bügeln Sie die Nahtkante und dann die klein karierten Bahnen zur Hälfte. Die Schnittkante liegt auf der rechten Stoffseite an der Naht. An den Ecken bügeln Sie den umgelegten Stoff jeweils im Winkel von 45° und steppen eine Naht in der Bügelkante bis zum Stoffbruch und zurück zum Ansatzpunkt. Nun schneiden Sie den überschüssigen Stoff ab, wenden und bügeln die Ecken.
3. Nähen Sie das Nahtband rundum über die Nahtzugaben. An den Ecken legen Sie das Band im 90°-Winkel um. Zum Schluss schlagen Sie die Schnittkante unter den Bandanfang und steppen über die Kante.

Zu einem deftigen Essen im Landhausstil gehören Hoftiere, auch wenn sie „nur" gestickt sind. Sie übermitteln Ruhe und Geborgenheit und lassen uns an Bauernbrot, Leberwurst und eine gute Flasche Rotwein denken.

Servietten

Auf den fertigen Servietten markieren Sie den Mittelpunkt der Tiermotive 7 cm vom unteren Rand in der Mitte einer Seite. Sticken Sie von Diskette Nr. 19 die Schafe, Hühner und Enten, von Diskette Nr. 21 übernehmen Sie Hase, Fasan und Wildenten.

Ostertisch

Ein fröhliches Osterfest garantiert dieser Tisch. In leuchtenden Farben wurden Muster aus dem 9-mm-Programm und von Disketten gemeinsam verwendet. Eine fertig gekaufte Decke aus Baumwolle und viele grüne Servietten sind mit Bordüren unterschiedlicher Art und mit Namen bestickt. Gelbe Eierhütchen, verziert mit kleinen Hasen, werden mit einer dekorativen Schleife zusammengebunden.

Disketten 1, 14, 15, 19, 35, Pfaff

Material:
- Fertige Tischdecke und Servietten
- Stoffrest und Volumenvlies für Eierhütchen
- Maschinenstickgarn in vielen Farben

Tischdecke

Die Bordüre der Decke setzt sich aus einem grünen Grasstich Nr. 79, einem roten Linsenstich Nr. 62, je 9 mm breit, dem gelben Punktstich Nr. 165 in 6 mm Breite und dem hellblauen Punktstich in 4 mm Breite zusammen.

Servietten

Auf den Servietten sind unterschiedliche Muster in kleinen Bordüren kombiniert. Der Abstand der Linien beträgt jeweils 2 cm vom Rand. Die Serviette von Jens arbeiten Sie mit dem Linsenstich in Gelb 6 mm breit und dem Punktstich 4 mm breit in Hellblau. Die Ecke wird betont mit dem bunten Kreuzstich-Gemüsekorb von Diskette 14 und dem Namen in roter Schreibschrift 37 mm groß von Diskette 1. Dreimal umrandet der Punktstich 165 in Rot 6 mm, Gelb 4 mm und Blau 3 mm die linke Serviette. Die Pilze sind von Diskette 14 in kleinen Kreuzstichen gestickt.

Annas Serviette ist mit 4 mm breitem Punktstich Nr. 165 eingerahmt, die Stiefmütterchen in der oberen Ecke finden Sie auf Diskette 15, die Schreibschrift auf Diskette 1.
Gesas Serviette (vor der Primel) ist geschmückt mit einem 6 mm breiten Linsenstich Nr. 62, der Schreibschrift von Diskette 1 und dem Blumenkorb von Diskette 15.

Im Eierkorb liegt eine Serviette mit dem Punktstich Nr. 165 in 6-, 4- und 3-mm-Breite, darüber ist sie mit Hahn und Henne von Diskette 19 verziert.

Die Serviette von Inez hängt über dem Stuhl. Die Bordüre besteht aus Muster Nr. 86 und einem 4 mm breiten Punktmuster Nr. 165. Über die Schreibschrift von Diskette 1 ist ein Mimosenzweig gestickt, den Sie auf Diskette 35 finden.

Eierhütchen

Bei dem Hasenmuster Nr. 16 von Diskette 19 ist es möglich, die drei Hasen auch einzeln zu sticken, denn die Maschine stickt erst den rechten, dann den mittleren und anschließend den linken Hasen. So passt ein einzelner auf ein Eierhütchen und wird mit ein paar Ostereiern aus dem verkleinerten Punktstich Nr. 165 ergänzt.

Für ein Eierhütchen benötigen Sie 20 x 25 cm Stoff und 20 x 12 cm Vlieseline 280. Sticken Sie im Abstand 2,5 cm von der unteren Kante den Grasstich Nr. 79, in die Mitte 1 cm darüber einen Hasen von Diskette 19, daneben bunte Ostereier aus dem Punktstich 4 mm groß. Nun bügeln Sie die untere und obere Kante je 1 cm breit um, nähen die Seitennaht, schlagen die obere Kante zur unteren und steppen von rechts die Naht. Mit einem dekorativen Schleifchen binden Sie die Eierhütchen oben zusammen.

Jens
Inez

Mimosen-decke

Den Frühling holen Sie mit dieser zarten, mit Mimosen bestickten Decke zu einem Kaffeestündchen ins Zimmer. Der zarte Voile aus Polyester besitzt in der Deckenmitte einen Kranz aus 8 Mimosenzweigen und einen Einzelzweig in jeder Ecke. Stiel und Blätter werden in zwei unterschiedlichen Grüntönen, die Blüten mit einem kräftigen Gelb gestickt. Der breite Saum ist mit einer Drillingsnadel gesteppt, wodurch die drei verwendeten Farbtöne wiederholt werden. Passende Servietten aus Baumwollbatist haben ein feines Monogramm in den Farben Gelb und Grün. Die Stickereien auf dem feinen, durchscheinenden Voile kommen auf einer zartgelben Unterdecke besonders gut zur Geltung.

Diskette 24, 53 und „Bigrahmen", Pfaff

Material:
- 180 x 180 cm Voile
- Nähgarn
- Maschinenstickgarn
- Avalon oder Soluweb
- Markierstift
- Drillingsnadel

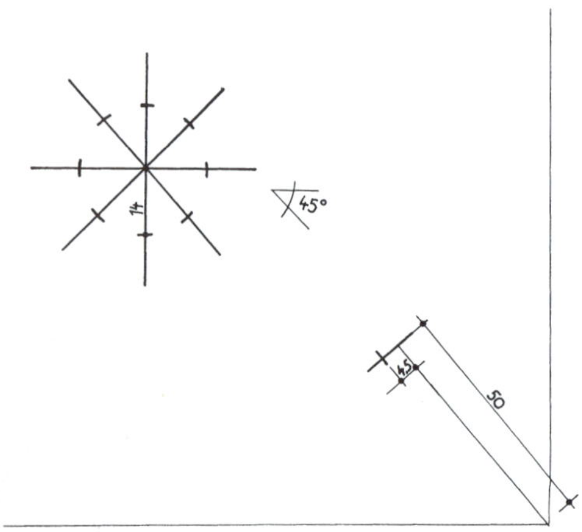

Zeichnung der Deckenaufteilung: Mitte und Ecken

Für die bodenlange Unterdecke:
270 x 270 cm Baumwollstoff

Pro Serviette: 48 x 48 cm Batist

Arbeitsablauf:
▷ Zuschneiden
▷ Stickmotive markieren
▷ Sticken
▷ Säumen

Für einen runden Tisch mit 110 cm Durchmesser hat die Mimosendecke eine fertige Größe von 160 x 160 cm, die Unterdecke einen Durchmesser von 260 cm.

Tischdecke

1. Schneiden Sie die Decke fadengerade zu, versäubern Sie die Kanten.
2. Markieren Sie den Mittelpunkt und zeichnen Sie acht gleichmäßige Strahlen ein. Bügeln Sie dazu erst die Decke zur Hälfte, dann zum Viertel. Nun schlagen Sie sie noch einmal übereinander und bügeln die Kanten im 45°-Winkel. Wenn Sie die Decke jetzt auffalten, sehen Sie acht Bügellinien, die Sie von der Mitte her etwa 25 cm lang nachzeichnen. Auf ihnen markieren Sie 14 cm von der Deckenmitte entfernt den Mittelpunkt des Anfangsmotivs. Für die einzelnen Mimosenzweige in den Ecken legen Sie die Kanten aufeinander und bügeln die Diagonale. Schlagen Sie die Ecke 50 cm breit um, bügeln Sie die waagerechte Kante

Den Mittelpunkt der Decke bilden acht sternförmig gestickte Mimosenzweige. Durch Falten und Bügeln erhalten Sie die jeweiligen Achsen des Motivs, sodass es einfach ist, den Rahmen entsprechend einzuspannen.

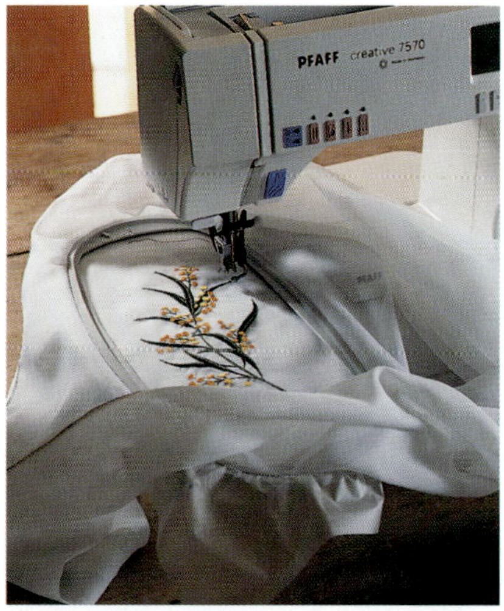

Der Mimosenzweig wird im Bigrahmen gestickt, das Motiv setzt sich aus 2 Teilen zusammen.

und zeichnen Sie sie mit dem Markierstift nach. Der Mimosenzweig liegt auf dieser Linie, der Mittelpunkt des ersten Teils 4,5 cm links der Diagonalen.
3. Spannen Sie den Voile auf jeden Fall mit Avalon oder Soluweb ein, damit der Stoff straff bleibt. Die markierte Achse verläuft durch die Mittelpunkte des Rahmens. Sticken Sie Teil 1 und den Orientierungsstich, dann verschieben Sie den Rahmen so, dass der zweite Orientierungsstich genau auf dem ersten liegt und beenden das Motiv. Versetzen Sie den Rahmen für das jeweils nächste Motiv. Für die Eckmotive läuft die gekennzeichnete Achse durch die Rahmenmittelpunkte. Der erste Motivteil beginnt 4,5 cm links der Diagonalen. Sticken Sie so in jede Ecke einen Mimosenzweig.
4. Bügeln Sie die Saumkanten 10 cm breit um und nähen Sie die Ecken (siehe Seite 14). Schlagen Sie die Saumkante 1 cm breit ein. Um die Saumkante zu steppen, nähen Sie von rechts einen Geradstich mit der Drillingsnadel, durch die Sie alle drei Garnfarben des Mimosenzweigs fädeln.

Unterdecke

Die Unterdecke sollte bodenlang und aus Baumwollstoff sein. Ihre Größe ist einfach zu berechnen. Zum Durchmesser des Tisches (hier 110 cm) addieren Sie 2 x die Tischhöhe 75 +

75 cm = 150 cm, also muss Ihre Decke ein Maß von 260 cm haben. Für den Saum benötigen Sie einen 10 cm breiten Formstreifen. Wenn Sie keinen Stoff in dieser Breite bekommen, setzen Sie zwei Stoffbahnen mit einer Mittelnaht aneinander.

1. Legen Sie den Stoff doppelt, bei leichten Stoffen eventuell auch zu einem Viertel, und schlagen Sie vom Mittelpunkt mit einer Schnur und einem Markierstift einen Halbkreis bzw. einen Viertelkreis. Für den Formstreifen ziehen Sie eine zweite und dritte Linie in jeweils 10 cm Entfernung.

2. Schneiden Sie die Formstreifen und die Decke zu, die Enden der Formstreifen schneiden Sie im rechten Winkel ab.

3. Setzen Sie die Formstreifen aneinander und versäubern Sie die spätere Innenkante, da sie nicht mehr eingeschlagen wird. Steppen Sie dann den Formstreifen rechts auf rechts an die Außenkante der Decke, bügeln Sie zuerst die Naht und dann den Formstreifen zur linken Stoffseite. Steppen Sie den Formstreifen und den Saum von der rechten Stoffseite in 8 cm Abstand zur Außenkante.

Servietten

1. Schneiden Sie die Servietten fadengerade zu.

2. Markieren Sie den Mittelpunkt des Monogramms in der rechten unteren Ecke 9 cm von der Unterkante und 10 cm von der rechten Schnittkante entfernt.

3. Programmieren Sie mit der Schrift „Modern“ Ihr Monogramm und sticken Sie den ersten Buchstaben in Gelb, den zweiten in Grün.

4. Säumen Sie die Serviette 3 cm breit, davon 1 cm Einschlag.

Tipp: Fragen Sie nach dem Voile in der Gardinenabteilung der Kaufhäuser.
Mit etwas Glück bekommen Sie ihn sogar in 240 cm Breite.

Vogeldecke

Auf zartem Organza fliegen die wunderschönsten Vögel und betonen das Zentrum des Tisches. Werden die Motive farbenprächtig ausgestickt, erinnern sie an tropische Wälder, gerade die richtige Dekoration für warme Sommerabende. Ein kühler Punsch und frisches Obst schmecken dann besonders gut. In jede Ecke ist ein Vogel mit offenen Schwingen, in die Mitte jeder Seite der kleine schnelle Kolibri in zauberhaften Farben und ins Zentrum ein großes Vogelmotiv mit zwei Vögeln und einem Blütenzweig gestickt. Die Vogeldecke kann in der Mitte eines runden Tisches liegen, aber auch sehr gut schmal und lang über einen rechteckigen Tisch laufen. Verteilen Sie dann die Vogelmotive auf den Seiten im Abstand von 40 cm in die Ecken und auf die Stirnseite. Auch hier kann das große Vogelmotiv die Mitte betonen. Die Unterdecke zu dieser ausgefallenen Dekoration sollte mindestens 50 cm seitlich herunterhängen oder bodenlang sein, damit das Zentrum gut zur Wirkung kommt.

Durch verschiedene Farbkombinationen erhält das Vogelmotiv jeweils einen ganz besonderen Ausdruck. Rayongarn in leuchtenden Farben kommt hier besonders gut zur Geltung.

Von den Stickmotiven lässt sich manchmal auch nur ein Teil verwenden, wie hier auf den Servietten aus Baumwollorganza zu sehen. In eine Ecke ist für die Herren ein Rebenzweig gestickt, welcher der zweite Teil des Musters Nr. 3 ist, für die Damen ein Blütenzweig, der mittlere Teil des Musters Nr. 2

Diskette 27, Brother

Material:
- 125 x 125 cm Organza
- Maschinenstickgarn
- Nähgarn

Arbeitsablauf:
▷ Decke zuschneiden und säumen
▷ Stickerei markieren und sticken

Tischdecke

1. Schneiden Sie die Decke fadengerade zu (für einen großen runden Tisch 125 x 125 cm, sonst 100 x 100 cm). Säumen Sie die Kanten mit dem Säumerfuß der Nähmaschine. Dazu legen Sie die Stoffkante zweimal 2 cm ein, nähen einige Steppstiche und ziehen dann die Kante in den Nähmaschinenfuß, der die weitere Führung übernimmt.
2. Sticken Sie 20 cm vom Rand entfernt in jede Ecke den Vogel Nr. 3, in die Mitte der Seiten den Kolibri Nr. 6 und in das Deckenzentrum das große Motiv Nr. 26.

Servietten

Für die Servietten benötigen Sie 50 x 50 cm Baumwollorganza, das Sie mit dem Säumerfuß der Nähmaschine säumen. Sticken Sie in eine Ecke das gewünschte Motiv aus Muster Nr. 2 und Nr. 3.

Rosenbaumdecke

Ein blühendes Rosenbäumchen in einem hölzernen Blumentopf, geschmückt mit einer seidenen Schleife ist das denkbar schönste Muster für eine Gartentischdecke. Wenn auch noch ein großer Strauß Freilandrosen auf dem Tisch steht, kann man die Augen nicht davon wenden. Die weiße Decke aus festem Baumwollstoff ziert rechts und links der Mitte ein Rosenstrauß, auf der Saumkante stehen Rosenbäumchen mit roten Blüten. Ein grünes Nahtband überdeckt die Saumkante und ist mit zwei braunen Raupennähten eingefasst. Bei den grünen Servietten ist die Saumkante mit einer braunen Raupennaht überstickt, in eine Ecke das Monogramm gesetzt.

Diskette 1 und 5, Singer

Material:
- 264 cm Baumwollstoff 150 cm breit
- 8 m Nahtband 3 cm breit
- Nähgarn
- Maschinenstickgarn
- pro Serviette 52 x 52 cm Baumwollstoff

Arbeitsablauf:

▷ Zuschneiden
▷ Stickerei markieren
▷ Sticken
▷ Säumen
▷ Nahtband aufnähen
▷ Nahtbandkanten übersticken

Tischdecke

Die Decke hat eine fertige Größe von 130 x 245 cm

1. Schneiden Sie die Decke fadengerade zu, versäubern Sie die Schnittkanten.
2. Markieren Sie die Mustermitte der Rosensträuße 24 cm rechts und links der Deckenmitte. Auf den Seiten mes-

Rote Rosen blühen in kleinen Bäumchen, die in einem hölzernen Topf am Parkeingang stehen könnten. Das zauberhafte Motiv, das senkrecht über ein aufgenähtes Nahtband gestickt ist, finden Sie auf der angegebenen Diskette.

sen Sie in 30 cm Abstand zur Schnittkante der Längsseite: an der Stirnkante beginnend 42 cm, 60 cm, 60 cm, 60 cm und wieder 42 cm bis zum Deckenende. Ebenso messen Sie an den Stirnkanten bei gleicher Höhe jeweils 42 cm von den Schnittkanten der Seiten.
3. Sticken Sie zwei Rosensträuße in die Deckenmitte und 12 Rosenbäumchen an den Deckenrand.
4. Bügeln Sie den Deckensaum 9 cm breit ohne Einschlag zur Oberseite und nähen Sie Briefecken.
5. Steppen Sie das Nahtband über die Schnittkanten.
6. Übersticken Sie die Nahtbandkanten mit Raupennähten.

Servietten

1. Schneiden Sie die Servietten fadengerade zu.
2. Nun markieren Sie in der Diagonalen einer Ecke den Mittelpunkt des Buchstabens 13 cm von der Spitze entfernt und sticken den Buchstaben zur Spitze hin im sanften Rot der Rosen.
3. Säumen Sie die Serviette 4 cm breit, davon 1 cm Einschlag.
4. Übersticken Sie die Saumkante mit der Raupennaht.

Dunkelgrün sind die Rosenblätter, darauf abgestimmt das Nahtband und die Servietten. Die Blütenfarbe findet sich im Monogramm wieder und die Farbe der Äste wird in der Raupennaht wiederholt.

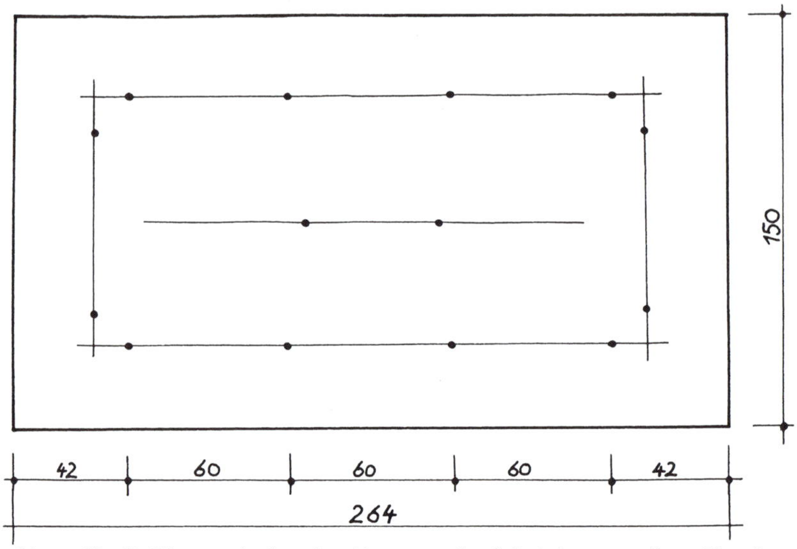

Markieren Sie die Mustermittelpunkte 30 cm von der Schnittkante entfernt. Von den Stirnseiten sind sie in 42 cm und dreimal 60 cm Abstand einzuzeichnen.

Reise

Der große Koffer steht bereit, um alles aufzunehmen, was mit auf die Reise geht. Damit Ordnung im Koffer herrscht, bekommen „Er“ und „Sie“ verschiedene Taschen und Beutel. Sie sind mit dem Monogramm gekennzeichnet und jedes ist auf seine Weise verziert: Sein grünes „HB“ steht in einem bordeauxroten Wappenfeld, das von zwei grünen Ranken umgeben ist, ihr rotes Monogramm ist in Schreibschrift gestickt, manchmal ist der Name auch ausgeschrieben, darunter befindet sich ein Blütenzweig. So sind Oberhemdentasche, Schuhbeutel, Wäschebeutel, Dessous- und Dokumententasche leicht wieder zu finden. Monogramm und Namen werden im Computer der Nähmaschine zusammengesetzt und gespeichert.

Diskette „Alphabets“, Bernina
Piqué Firma Apart

Material je nach Modell:
• Baumwollpiqué
• leichter Baumwollstoff
• Satinschrägband 20 mm gefalzt
• Nahtband
• 1 Reißverschluss 45 cm lang
• 14 cm Klettverschluss
• Wäscheknöpfe
• Nähgarn
• Maschinenstickgarn
• Vlieselinerest

Von der Diskette „Alphabets“ programmieren Sie für den Herrn das Wappen Muster Nr. 2 und die Schrift „Blackboard“. Die Größe der Motive kann stufenlos verändert werden. So wurden für das Wappen 100%, das Monogramm 50% genommen. Die Dame hat Blütenranke Muster Nr. 10 und die Schrift Lisa gewählt. Auch hier ist die Größe der Blütenranke 100%, die Schrift „Inez“ 50%, „Schuhe“ oder „Wäsche“ wurde in 70%iger Größe geschrieben.

Arbeitsablauf:
▷ Zuschneiden
▷ Sticken
▷ Reißverschluss einnähen
▷ Oberkanten einfassen
▷ Zusammennähen
▷ Außenkanten einfassen

Oberhemdentasche und Dokumententasche ziert das Wappenfeld mit dem Monogramm, die Taschentücher nur ein schlichtes „HB“.

Oberhemdentasche

Durch den Reißverschluss in der Vorderseite lassen sich die Oberhemden leicht einlegen oder herausnehmen. Der breite Seitenstreifen ermöglicht es, 4–5 Hemden hinein zu legen.
1. Schneiden Sie die Teile nach der Zeichnung zu.
2. Sticken Sie auf das Vorderteil 18 cm von der oberen und 8 cm von der rechten Kante entfernt die Kombination Wappen/Schrift.
3. Nun teilen Sie das Vorderteil und nähen den Reißverschluss ein.
4. Fassen Sie die oberen Kanten des Vorderteils und der Seitenteile mit Schrägband ein. Übersticken Sie die Kante mit einer Raupennaht.
5. Runden Sie die unteren Ecken und die der Klappe. Nähen Sie links auf links das Seitenteil zwischen Vorderteil und Rücken. Beginnen Sie dabei oben an der Kante des Vorderteils. In der Mitte unten steppen Sie beide Teile zusammen und schneiden den Rest ab.
6. Steppen Sie das Schrägband an die Außenkanten und übersticken Sie die Ansatzkante mit einer Raupennaht.
7. Steppen Sie 2 Klettverschlüsse an Vorderteil und Klappe.

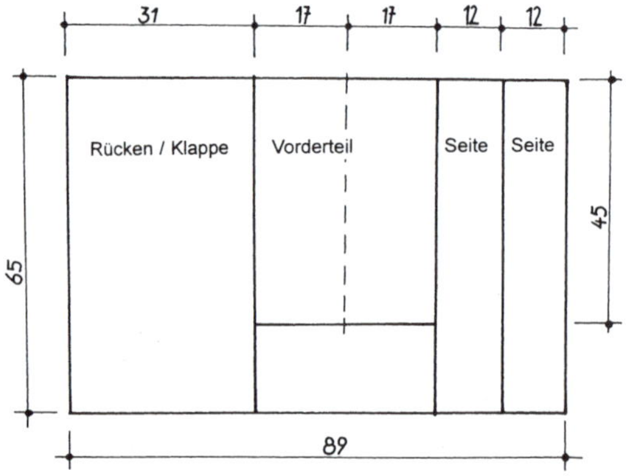

Die Oberhemdentasche besteht aus 3 Teilen: Vorderteil mit Reißverschluss, Seitenteil und Rücken mit Klappe.

Dessoustasche

Bei diesem praktischen Modell für die Dessous stand der gute alte Schulranzen Pate. Die Tasche misst 34 x 41 cm, ist aus weißem Piqué hergestellt und mit blaugrünem Satinschrägband eingefasst. Die Kanten sind mit einer weinroten Raupennaht

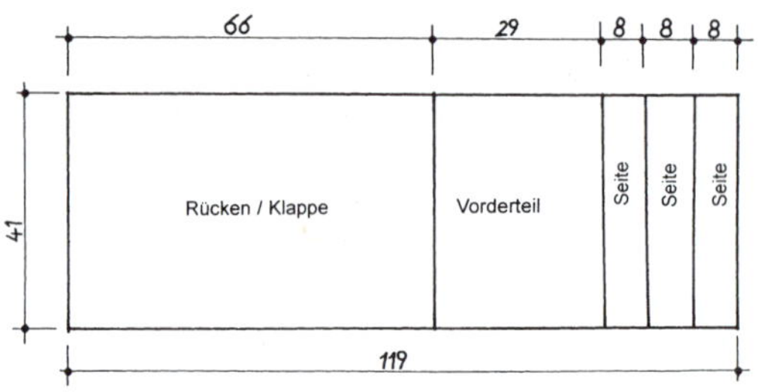

Die Zeichnung zeigt den Zuschnitt der Dessoustasche.

Wäsche
Inez
Dokumente
Schuhe

Eine praktische Dessoustasche, eine kleine Schmucktasche und ein glatter Beutel sind mit der Blumenranke und dem Namen verziert.

überstickt. Über eine Blütenranke ist der Name gestickt, zwei Schlaufen und Wäscheknöpfe dienen als Verschluss.

1. Schneiden Sie Rückenteil und Klappe 41 x 66 cm groß zu, das Innenteil 29 x 41 cm. Für die Seiten benötigen Sie ein Stück 8 x 99 cm (zusammengenäht aus 3 Teilen).
2. Sticken Sie Ranke und Schrift auf die Klappenmitte 8 cm oberhalb der Schnittkante.
3. Fassen Sie die Oberkante mit Schrägband ein. Dann nähen Sie 20 cm Schrägband an den Bruchkanten aneinander, teilen es und bügeln es zu einer Schlaufe. Stecken Sie je eine Schlaufe 10 cm von der Seitenkante entfernt an die Klappenkante.
4. Nähen Sie das Seitenteil zwischen Rücken und Vorderteil. Fassen Sie die Kanten mit Schrägband ein, übersticken Sie die Bruchkante des Schrägbands mit einer Raupennaht.
5. Die Schlaufen zeigen die Position der Knöpfe.

Dokumenten- und Schmucktasche

1. Schneiden Sie ein Teil 29 x 43 cm aus Piqué zu.
2. Programmieren Sie das Wort „Dokumententasche" mit der Schrift „Swiss Block". Sticken Sie es 7 cm von der rechten Schnittkante und 9 cm von der Klappenkante entfernt, das Wappen 9 cm von der linken Seitenkante und 8 cm von unten. Für die Schmucktasche sticken Sie die Ranke und das Monogramm aus dem Speicher 8 cm von der Kante in die Klappenmitte.
3. Runden Sie die oberen Ecken. Steppen Sie das Schrägband an die untere Kante. Den Ansatz übersticken Sie mit einer Raupennaht. Nähen Sie 2 Stück Klettverschluss an den unteren Teil rechts und links. Nun schlagen Sie die untere Kante 13 cm nach oben, steppen die Seiten knapp, fassen die Schnittkanten mit Schrägband ein und übersticken die Falzkante mit einer Raupennaht.
4. Nähen Sie die restlichen 2 Klettverschlüsse an das Ende der Klappe.

Auf die Schmucktasche sticken Sie Blütenranke und Monogramm 8 cm über der Klappenkante und nähen 2 Schlaufen und Knöpfe wie bei der Dessoustasche an die Taschenklappe.

Wäsche- und Schuhbeutel

Für einen kleinen Wäschebeutel schneiden Sie 50 x 125 cm Stoff zu, ein großer für eine lange Reise oder für die Familie (links im Bild) sollte 90 x 120 cm groß sein. Er wird mit einem Nahtband zum Zuziehen versehen. Der Schriftzug „Wäsche" und das Monogramm mit der Ranke zieren „ihren" Beutel, „sein" Wappen ist auf den kleineren Beutel gestickt. Schuhbeutel kann man für je ein Paar Schuhe nähen, manchmal ist es aber praktischer, die Schuhe in Einzelbeuteln im Koffer zu verstauen. Der große Beutel für ein Paar Herrenschuhe wird 32 x 100 cm, der kleine für einen Schuh 25 x 100 cm groß zugeschnitten. Die Beutel für Damenschuhe können etwas kleiner sein. Wappen oder Monogramm befinden sich in der unteren Hälfte der Vorderseite. Schreiben Sie „Wäsche" oder „Schuhe" über das Monogramm. Im Speicher programmiert, können Sie die Schriftzüge immer wieder abrufen. Mit einem Nahtband, das durch einen Tunnelzug läuft, werden die Beutel zugezogen.

Beutel schaffen Ordnung im Koffer und auch im Hotelzimmer. Man kann gar nicht genug davon haben!

1. Schneiden Sie die Beutel in der gewünschten Größe zu.
2. Sticken Sie das von Ihnen ausgewählte Monogramm, den Namen sowie „Wäsche" oder „Schuhe" in die untere Beutelhälfte.
3. Für den Tunnelzug werden 8 bzw. 5 cm eingeschlagen, davon 1 cm Nahtzugabe, er ist also 7 bzw. 4 cm breit. In den Oberstoff arbeiten Sie je ein Knopfloch 4 cm von der oberen Bruchkante und ebenfalls 4 cm rechts und links der Seitennaht. Wollen Sie einen doppelten Zug, so nähen Sie zusätzlich zwei Knopflöcher an die andere Seite, unterbügeln Sie diese Stellen mit Vlieseline. Nun schließen Sie die Seitennähte, steppen den Tunnelzug 5 bzw. 3 cm breit und ziehen ein Nahtband ein, das 20 cm (14 cm, 10 cm) länger ist als der Umfang des Beutels, zum Gegenziehen ein zweites. Nähen Sie die Enden aneinander.

Der Lockenwicklerbeutel, im Fenster des Fotos Seite 41 zu sehen, besteht aus einem runden Boden und einem Seitenteil, an das ein Streifenstoff für den Tunnelzug und das „Köpfchen" genäht sind. Sein Durchmesser beträgt 17 cm, die Höhe 32 cm. Er wird mit einem grünen Satinband beidseitig zugezogen. Einen gleichen Beutel mit etwas größeren Maßen, finden Sie mit Beschreibung beim Thema „Badezimmer".

Der kleine Abenteurer

Jungen lieben Entdeckungsreisen, und für solche Unternehmungen haben sie gerne praktische Kleidung, die nicht gleich schmutzig ist, jede Menge Taschen für wichtige Dinge besitzt und die diesen Unternehmungsgeist auch ausdrückt.
Das fängt an bei Kakihemd, Schirmmütze und einem dicken Sweatshirt, die gekauft, und mit wilden Tieren bestickt sind. Unentbehrlich und leicht selbst zu nähen, sind eine Weste mit diversen Taschen und ein geräumiger Rucksack.
Damit die Wasserflasche nicht kaputt geht, bekommt sie eine passende Hülle. Tiger, Krokodile und Nashörner sind „starke" Motive für diese Sachen, ergänzt mit dem Namen des Besitzers. Die Motive finden Sie auf den angegebenen Disketten, aber auch im 9-mm-Programm der Nähmaschine.

Disketten 1, 34, 39 und Zierstichprogramm, Pfaff

Alle Teile sind in Größe 128/134 angegeben.

Material:
- Maschinenstickgarn
- Stickvlies
- Filmoplast
- Avalon oder Soluweb

Arbeitsablauf:
▷ Zuschneiden
▷ Sticken
▷ Zusammennähen

Kakihemd

Das gekaufte Kakihemd schmückt in der Rückenmitte auf dem Sattel ein ruhender Tiger von Diskette 39. Sein Mittelpunkt befindet sich 7 cm unter dem Kragenansatz. Der Hemdärmel hat 2 Riegel, die unterhalb des Knopflochs mit je einem Elefanten aus dem 9-mm-Programm bestickt sind. Auch auf der rechten Kragenspitze läuft ein kleiner Elefant. Die Klappe der linken Brusttasche ziert ein Krokodil mit roter Zunge.

Sweatshirt

Auf dem gekauften Sweatshirt in der Farbe des Wüstensandes tummeln sich Nashörner. Ihr Mittelpunkt befindet sich 12 cm unter dem Kragenansatz in der Mitte des Vorderteils. Unterlegen Sie den Sweatshirtstoff in jedem Fall mit Stickvlies, da sich das Gewebe beim Sticken sonst leicht dehnt. Die Oberseite versehen Sie mit Avalon oder Soluweb, welches nach dem Sticken abgezogen wird. Auf dem linken Ärmel wird 13 cm unter der Schulternaht noch einmal das kleine Krokodil vom 9-mm-Programm mit seiner roten Zunge wiederholt.

Weste

Auch wenn das Nähen der vielen Taschen etwas Geduld erfordern, sie sind unbedingt notwendig! Wo sonst sollen denn all die Nägel, Steine, Muscheln und die anderen Fundsachen verstaut werden?

Material:
- 150 cm Microfaserstoff 150 cm breit
- 60 cm Baumwollstoff 140 cm breit als Futter
- 1 Reißverschluss 10 cm lang
- 2 Reißverschlüsse 14 cm lang
- 1 Reißverschluss 24 cm lang, teilbar
- 12 cm Klettverschluss
- 1 Nähfrei-Druckknopf
- 1 Karabinerhaken

1. Übernehmen Sie den Schnitt von der Zeichnung. Das Vorderteil wird einmal in Microfaserstoff, einmal in Futterstoff zugeschnitten, der Rücken einmal komplett mit Futterstoff und zweimal mit von der Achsel zum Hals hin abgeschrägten Kanten. Dieser doppelte Rücken dient der Verstärkung, bildet aber zugleich auch eine große Tasche. Schneiden Sie außer-

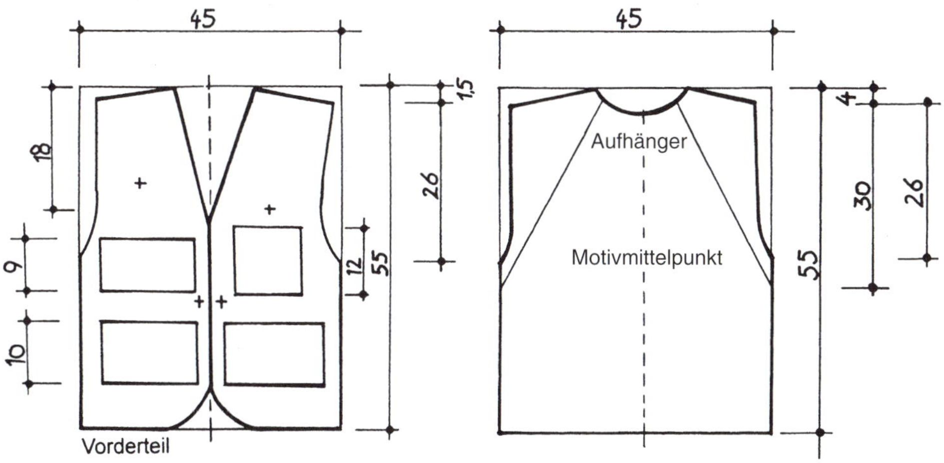

Die Zeichnung zeigt den Westenschnitt in Größe 128/134.

dem 4,10 m Schrägstreifen 4 cm breit zum Einfassen der Weste zu. Für die vorderen Taschen benötigen Sie folgende Stoffstücke: 15 x 25 cm (2 Stück), 12 x 15 cm (4 Stück) für die kleinen Aufsatztaschen, 7 x 8 cm (4 Stück) im Halbkreis für die Klappen, 24 x 34 cm für die Tasche oben links, 15 x 18 cm für die Tasche oben rechts, 6 x 6 cm für den Verschluss oben links, 2,5 x 8 cm für einen Karabinerhaken unten rechts, 16 x 5 cm für den Druckknopfriegel über dem Reißverschluss.

2. Sticken Sie das Krokodil von Diskette 39 auf die rechte Brusttasche, das kleine Krokodil aus dem 9-mm-Programm auf die linke Brusttasche und 36 cm von der unteren Westenkante links den Namen. Die Taschenklappen nummerieren Sie von 1–4. Das obere doppelte Rückenteil erhält 24 cm von der Halskante entfernt den großen Elefanten von Diskette Nr. 39.

3. Auf den „Blasebalgtaschen" steppen Sie zuerst die Nähte für die Taschentiefe von 4 cm und die Taschenklappen. Jede kleine Tasche wird mit der Klappe durch einen 1,5 cm breiten Klettverschluss geschlossen. Steppen Sie dann je zwei kleine „Blasebalgtaschen" auf eine große Tasche, setzen Sie die Reißverschlüsse ein und steppen die Taschen auf die Vorderteile. Dann teilen Sie die rechte Brusttasche, nähen sie zur Hälfte und steppen sie mit doppelter Naht auf. Schließen Sie die Schulternähte vom Oberstoff sowie Schulter- und Seitennähte vom Futterstoff.

4. Fassen Sie die Kanten am doppelten Rücken mit Schrägband ein. Nähen Sie gleich einen 5 cm langen Aufhänger in der Halsmitte ein.

5. Nun schließen Sie die Seitennähte, stecken Oberstoff- und Futterstoffweste ineinander und fassen die Armlöcher und die Außenkante der Weste mit Schrägstreifen ein. Dann nähen Sie den Reißverschluss ein.

6. Zum Schluss arbeiten Sie die Schlaufe mit Karabinerhaken unten rechts, eine Schlaufe zum Einhaken rechts an Ende des Reißverschlusses, einen Verschluss mit Klettband oben rechts und einen Riegel mit Klettverschluss und Nähfrei-Druckknopf in Taillenhöhe.

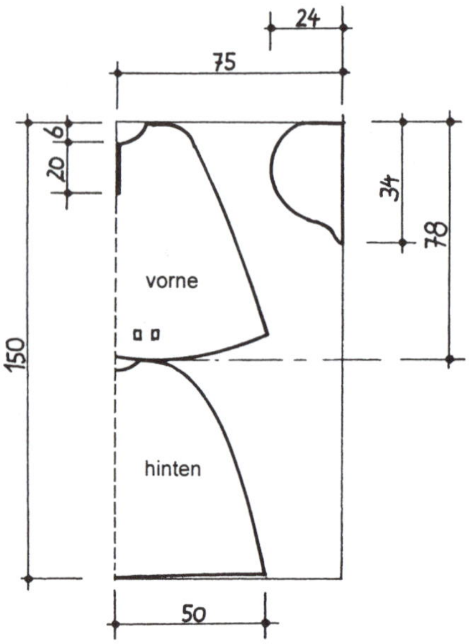

Regenumhang aus wasserdichtem Stoff

Material:
- 150 cm wasserdichter Stoff 150 cm breit
- 1 Reißverschluss 18 cm lang
- Nahtband

1. Schneiden Sie den Umhang nach der Schnittzeichnung zu.

2. Sticken Sie den Löwenkopf links auf die Brust, wobei Sie den Stoff mit Stickvlies unterlegen.

3. Nähen Sie den Reißverschluss in das Vorderteil und sichern Sie das Ende mit einem kleinen Stoffrest. Schließen Sie die Seitennähte, indem Sie die Nahtzugaben übereinander schieben und doppelt steppen. In gleicher Weise nähen Sie die Kapuze. Diese wird mit einem 20 cm langen, leicht gezogenen Gummiband in der Mitte versehen. Nähen Sie die Kapuze an Vorder- und Rückenteil.

4. Zum Radfahren ist es praktisch, den Regenumhang mit 2 Griffen am Lenker festhalten zu können. Dafür nähen Sie je ein 19 cm langes Nahtband auf die Innenseite des Vorderteils an beiden Seiten, 15 cm von der Mitte und 6 cm von der unteren Kante entfernt, an. Nach dem einfachen Säumen des unteres Randes ist der Umhang fertig.

Schirmmütze

Um die Mütze besticken zu können, brauchen Sie einen Spezialrahmen und Filmoplast, Maschinenstickgarn und die Diskette Nr. 34. Sie schneiden ein 12 x 15 cm großes Stück Filmoplast zu, ziehen das Papier ab und kleben es unter den Rahmenausschnitt. Nun spannen Sie die Mütze ein und sticken die Windrose.

Mit dieser Ausrüstung gibt es kein Halten mehr. Auf dem Regenumhang schaut der Löwe zwar, als ob ihm das Wetter gar nicht gefällt, doch der Rucksack darunter bleibt trocken. Die Windrose auf der Schirmmütze weist nach Norden.

Der Rucksack ist schnell genäht und äußerst praktisch. Im Inneren ist er sehr geräumig, außen hat er eine aufgesetzte Tasche mit großer Klappe, auf der ein Tiger lagert. Eine wattierte Flaschenhülle mit Löwenkopf schützt die Wasserflasche.

Rucksack

Material:
- 55 cm festen Baumwollstoff 140 cm breit
- 2,25 m Gurt 4 cm breit
- 2 m Gurt 2,5 cm breit
- 1 Nähfrei-Druckknopf

• 8 Ösen
• 1 Karabinerhaken
• 1 Halbring
• 1,20 m Kordel

1. Schneiden Sie zu: 53 x 86 cm für den Rucksack, 2 Teile 22 x 24 cm für die obere Klappe, 22 x 26 cm für die Tasche, 2 Teile 15 x 25 cm für die Taschenklappen.
2. Sticken Sie den Tiger auf die Mitte der Taschenklappe. Den Namen des kleinen Abenteurers setzen Sie in die Taschenmitte und ein kleines Krokodil 10 cm vor das Ende des schmalen Gurtes.
3. Arbeiten Sie zunächst die Aufsatztasche. Säumen Sie dafür die obere Kante der Tasche 3 cm breit mit 1 cm Einschlag als doppelte Naht. Legen Sie an den Seiten eine Falte von je 5 cm und nähen Sie diese 8 cm von der Schnittkante entfernt an. Nun verstürzen Sie die Taschenklappe und steppen sie 30 cm von der unteren Schnittkante entfernt mit zwei Nähten an.
4. Fertigen Sie zwei Gurte à 70 cm, indem Sie das schmale Band mittig auf das breite steppen. An der unteren Rucksackkante steppen Sie den Gurt mit einem Kreuz an, oben endet er glatt.
5. Schließen Sie die seitliche und die untere Naht. Dann säumen Sie die obere Kante 3 cm breit mit 1 cm Einschlag. In diesen Rand schlagen Sie 8 Ösen von der vorderen Mitte ausgehend: 3 cm, 15 cm, 26 cm und 32 cm entfernt zu beiden Seiten. Ziehen Sie die Kordel von der Mitte her durch. Auf dem Rücken unter dem Ansatz der Klappe nähen Sie die Kordel mit einem Zickzackstich mit Zwischenstich (Stich Nr. 03) an der oberen Saumkante fest.
6. Nun verstürzen Sie die Klappe und steppen sie mit doppelter Naht 5 cm vom Rand auf die Rückseite. Über die Klappe nähen Sie einen Gurt aus breitem und schmalem Band, nur beginnt das schmale Band mit einer 6 cm langen Schlaufe für den Druckknopf auf der Klappe und endet mit einer 18 cm langen Schlaufe als Tragegriff. Das Ende wird deshalb auch mit einem festen Kreuz angenäht.
7. In die vordere Gurtschlaufe schlagen Sie den Druckknopf, den Gegenknopf 6 cm oberhalb der Tasche. Mit einem zweiten Druckknopf schließen Sie die Tasche. Vergessen Sie nicht ein Holz in die Tasche zu legen, damit Sie den Knopf nicht durchschlagen.
8. Zum Schluss nähen Sie aus 17 cm Band eine Schlaufe mit einem Halbring auf den Gurt rechts der Tasche und ein kurzes Stück Gurt über eine Kordel mit Karabinerhaken rechts oben.

Flaschenhülle

Material:
• 26 x 26 cm Stoff
• 26 x 26 cm Futterstoff
• 26 x 26 cm Volumenvlies
• 33 cm Band 2 cm breit
• 1 Halbring
• 35 cm dünne Kordel
• 1 Kordelstopper

1. Schneiden Sie je ein 17 x 26 cm großes Stück und einen Kreis mit 8,5 cm Durchmesser von Oberstoff, Futter und Volumenvlies sowie 33 cm von dem 2 cm breiten Band zu.
2. Sticken Sie den Löwenkopf in die Mitte des Außenstoffs.
3. Steppen Sie den Außenstoff und das Gurtende an den Boden und schließen Sie die Seitennaht. Den Innenbeutel nähen Sie aus Futterstoff und Volumenvlies. Schlagen Sie zwei Ösen in den Oberstoff 2 cm von der oberen Kante entfernt. Nun stecken Sie die Beutel ineinander und steppen die Oberkante und eine zweite Naht für den Tunnelzug.
4. Dann schlagen Sie das Bandende 10 cm nach innen, ziehen einen Halbring ein und befestigen das Ende unterhalb des Tunnelzuges. Sichern Sie den Halbring auf dem Band. Nun ziehen Sie eine Kordel durch den Tunnelzug und schieben den Stopper ein.

Safarisets

Beim Anblick dieser Sets bekommt man Fernweh. Elefanten, Tiger, Bären, Giraffen und Strauß lassen von fernen Ländern träumen. Laden Sie Freunde zu einem afrikanischen Couscous ein. Sticken Sie jedem Gast ein anderes Tier in die obere Ecke seines Sets. Auf der angegebenen Diskette finden Sie 18 unterschiedliche Tiermotive. Das untere hellgrüne Leinen wird mit genähten Ecken zur Oberseite geschlagen. Mit einem eingelegten braunen Schrägband ergibt sich ein Rahmen für den hellblauen Innenstoff. Naturfarbene Leinenservietten passen ideal dazu. Gebunden werden sie mit einem groben Leinengurt, auf den der Name des Gastes mit einem Marker geschrieben werden kann.

Diskette 39, Pfaff
Leinen Firma Opel

Material pro Set:
• 49 x 59 cm Leinen hellgrün
• 34 x 44 cm Leinen hellblau
• 120 cm Schrägband 3 cm breit
• Nähgarn
• Maschinenstickgarn

Arbeitsablauf:
▷ Zuschneiden
▷ Ecken nähen
▷ Hellblauen Stoff einlegen
▷ Schrägstreifen zur Hälfte bügeln und einschieben
▷ Kante doppelt steppen
▷ Stickmuster markieren und sticken

Set

Die Größe des fertigen Set beträgt 35 x 45 cm.
1. Schneiden Sie das hellgrüne Leinen 49 x 59 cm, das hellblaue 34 x 44 cm groß zu.
2. Bügeln Sie die Kanten 7 cm breit um und nähen Sie die Ecken bis 1 cm vor der Schnittkante (siehe Seite 14).
3. Legen Sie den hellblauen Stoff unter dem Saum glatt auf den grünen.
4. Nun bügeln Sie die inneren Kanten 1 cm ein. Bügeln Sie das Schrägband zur Hälfte und schneiden Sie es in zwei Stücke von 2 x 25 cm und 2 x 35 cm Länge. Schieben Sie die Streifen unter die umgebügelte grüne Kante, sodass sie 3 mm breit herausschauen.

Die Felle der Tiere haben eine wunderschöne Zeichnung, die sehr genau nachgestickt wird.

5. Steppen Sie die Kante einmal knapp und einmal füßchenbreit rundum.
6. Nun markieren Sie den Mittelpunkt Ihres Motivs in der oberen Ecke links. Er richtet sich nach der Größe des Tieres. Der Schwanz des Tigers sollte ins hellblaue Feld ragen, der Elefant läuft sowieso vom Rahmen ins Feld und die Giraffe reckt ihren Hals fast bis zur oberen Kante. Hier wird es nötig sein, nicht den Stoff, sondern das Stickvlies einzuspannen und den Stoff eng am Rand mit Stecknadeln darauf zu befestigen. Andernfalls kann man das Set auch mit großen Steppstichen auf das Stickvlies heften. Oder Sie spannen Filmoplast in den Stickrahmen, entfernen das Schutzpapier und kleben die Ecke des Sets auf.

Servietten

Pro Serviette benötigen Sie 57 x 62 cm Stoff, der 3 cm breit gesäumt wird, davon 1 cm Einschlag. Wenn Sie den Saum gut bügeln, lässt sich leicht über die eingelegten Ecken hinwegsteppen (siehe Seite 14).

Safari-Bettwäsche

Weltenbummler träumen nirgends besser als in Bettwäsche, die mit den wilden Tieren Afrikas bestickt ist. Über das anthrazitgraue Kopfkissen, das seitlich sandfarben gesäumt ist, stampft ein grauer Elefant mit großen Ohren, Stoßzahn und faltiger, zerfurchter Haut über das dürre Savannengras. Mit einem Streifen des gleichen Farbtons ist das Überschlaglaken eingefasst, von dem zwei ruhende Tiger sanft herüberschauen.

Diskette 39, Pfaff

Material:
- Baumwollstoff 150 cm breit anthrazit
- Baumwollstoff 140 cm breit sandfarben
- Nähgarn
- Maschinenstickgarn
- Stickvlies

Arbeitsablauf:
▷ Zuschneiden
▷ Sticken
▷ Zusammennähen

Für ein Daunenbett ist der Bettbezug mit Tigern bestickt, die friedlich beieinander liegen, ein Schmusekissen mit Bärenmutter und Jungem ist ein besonders sanftes Ruhekissen.

Der Elefant ist das größte Tier auf der Diskette. Seine Haut ist so detailliert ausgestickt, dass sogar einzelne Hautfalten genau zu erkennen sind.

Überschlaglaken und Kopfkissen

1. Das Überschlaglaken wird 150 x 270 cm groß zugeschnitten, das rechteckige Kopfkissen 47 x 75 cm. Aus dem sandfarbenen Stoff schneiden Sie 20 x 96 cm und 4 x 150 cm zu.
2. Die Tiger Nr. 4 sticken Sie 5 cm von der Schnittkante entfernt und 10 cm rechts und links der Lakenmitte. Bedenken Sie, dass sie parallel zur Bruchkante liegen und ein Tiger gespiegelt gestickt wird, damit sie sich anschauen. Der Elefant Nr. 6 auf dem Kopfkissen hat 18 cm Abstand von der Oberkante und 20 cm von der seitlichen Bruchkante. Er benötigt sehr viel Garn. Setzen Sie deshalb eine volle Spule ein!
3. Schließen Sie die Oberkante des Kopfkissens. Dann nähen Sie von der

linken Seite den sandfarbenen Streifen an, schließen die untere Naht und steppen den sandfarbenen Streifen mit eingeschlagener Kante von rechts über die Ansatznaht. Für das Überschlaglaken bügeln Sie den 4 cm breiten sandfarbenen Streifen zur Hälfte auf 2 cm. Nun schlagen Sie die Kante 1 cm ein, schieben den sandfarbenen Streifen so ein, dass er 1 cm herausschaut, und steppen einen 14 cm breiten Saum. Säumen Sie das Fußende und gegebenenfalls die Seitenkanten.

Bettbezug

Ein Bettbezug hat die Standardgröße 135 x 200 cm oder 150 x 220 cm. Addieren Sie zur doppelten Länge 12 cm für die Knopf- und die Knopflochleiste und verstärken Sie diese mit Vlieseline. Die Tiger befinden sich 25 bzw. 26 cm vom oberen Stoffbruch und 5 cm von der Mitte des Bezuges entfernt, der untere Tiger ist gespiegelt. Gleichmäßig werden 8–10 Wäscheknöpfe auf der Knopfleiste verteilt und mit der Nähmaschine angenäht. Gegenüber werden die Knopflöcher gearbeitet.

Kleines Kissen

Eine Bärenmutter mit Jungem schmückt das kleine Kissen. Für die Mutter ist das Motiv vergrößert worden, für das Junge verkleinert und gespiegelt. Wenn jetzt noch dunkle und helle Farben für das Fell verwendet werden, wirkt das Motiv wie eine Bärenmutter mit ihrem Kind.

1. Schneiden Sie für ein 40 x 40 cm Kissen 42 x 90 cm Stoff zu.
2. 17 cm von der oberen Bruchkante und ebenfalls 17 cm von der Seitenkante entfernt liegt der Mittelpunkt des großen Bären, der des kleinen 20 cm von oben und 14 cm von der Seite. Sticken Sie den großen Bären in dunkleren Farben, der kleine erhält ein helleres Fell.
3. Die Knopfleiste verstärken Sie mit Vlieseline und bügeln sie 2,5 cm mit 1 cm Einschlag um. Steppen Sie beide Leisten knappkantig, nähen Sie 5 Knopflöcher in die vordere Kante und 5 Wäscheknöpfe gegenüber an. Schließen Sie die Seitennähte, die Knopfleiste schlagen Sie zur Vorderseite.

Strand

Fabelhafte Muscheln, Fische, Möwen, dekorative Wappen, Anker oder ein Segelschiff sind Motive, die Urlaubsfreude schon zu Hause aufkommen lassen. Die unterschiedlichsten Gegenstände können damit bestickt werden: Frottiertücher, Pareo, Seesack und Strandtasche. Auf Sonnenhut und Leinenschuhen ist eine separat gestickte Möwe aufgenäht. Allesamt

Naturweiße oder sandfarbene Stoffe sind ein passender Hintergrund für maritime Motive, daher sind Sweatshirt und Seesack mit dem „clipper ship“ bestickt.

sind dies herrliche Geschenke für gute Freunde, denn Strandurlaub ist „in“. Besonders praktisch ist die Strandtasche, die auf dem Foto einmal in Beige vorne links und einmal in Blau rechts am Strandkorb zu sehen ist. Sie wird als Schultertasche getragen, aufgeklappt ergibt sie eine große Unterlage mit Tasche, die gleichzeitig als Kopfkissen dient, gerade recht für ein gemütliches Sonnenbad.

Diskette 1 und 19, Brother

Seesack

Material:

- 60 cm Segeltuch 120 cm breit
- 2,50 m Baumwollband 2 cm breit
- 8 Ösen
- Nähgarn
- Maschinenstickgarn

Arbeitsablauf:

▷ Zuschneiden
▷ Sticken
▷ Tasche säumen und aufsteppen
▷ Boden- und Seitennaht schließen
▷ Oberkante säumen
▷ Ösen einschlagen
▷ Stopper nähen und Band einziehen

1. Schneiden Sie die Teile, wie in der Zeichnung angegeben, zu.
2. Sticken Sie Motiv Nr. 2 in die Mitte der Tasche.
3. Säumen Sie die Oberkante der Tasche 5 cm breit, davon 1 cm Einschlag mit doppelten Steppnähten. Stecken Sie die Tasche bündig mit der unteren Kante auf die Sackmitte. Nun steppen Sie das Baumwollband eingeschlagen rechts und links über die Schnittkanten.
4. Nähen Sie den Boden an das Seitenteil, lassen Sie am Anfang und am Ende 3 cm offen. Schließen Sie erst die Seitennaht, dann die restliche Bodennaht, wobei Sie eine 8 cm lange Schlaufe des Baumwollbandes mit einschieben.
5. Säumen Sie die Oberkante 8 cm, davon 1 cm Einschlag mit doppelten Steppnähten.
6. Schlagen Sie 8 Ösen in die doppelte Kante.

Die fliegende Möwe ist ein tolles Motiv, welches genauso gut auf einen Kragen wie auf den Sonnenhut oder die Leinenschuhe passt.

7. Nähen Sie einen Stopper (eine Schlaufe aus Band, in der Mitte gesteppt), ziehen Sie das Band durch die Schlaufe, den Stopper und die Ösen. Zum Schluss vernähen Sie die Bandenden.

Pullover

Gestrickte Materialien benötigen ein Stickvlies an der Unterseite, damit sich der Stoff beim Sticken nicht dehnt. Markieren Sie den Motivmittelpunkt 20 cm von der Schulter entfernt links auf der Brust. Sticken Sie das Motiv.

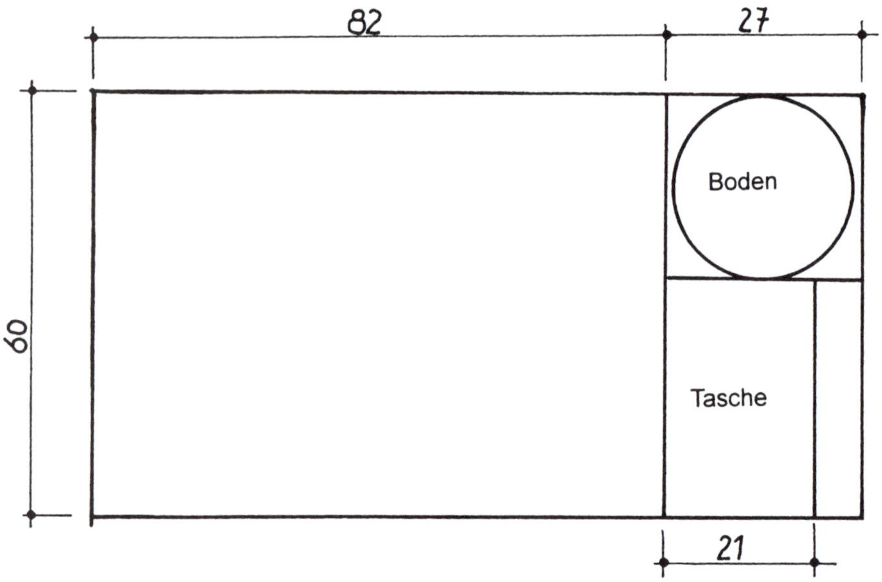

Die Zeichnung zeigt den Zuschnitt für den Seesack.

Badetuch, Poloshirt, Hut und Schuhe

Im Frottier sind die Garnschlaufen beim Sticken etwas hinderlich, legen Sie deshalb vor dem Einspannen Avalon oder Soluweb darüber. Bei diesem Badetuch ist der breite, fest gewebte Rand mit fliegenden Möwen in unterschiedlichen Abständen und ungleicher Höhe bestickt. Links kommen die Möwen wie programmiert geflogen, rechts sind sie gespiegelt. Für die sandfarbenen Frottiertücher sind Muscheln ein passendes Motiv. Sticken Sie 13 cm über dem unteren Rand Muschel Nr. 9 und 10 in unterschiedlichen Richtungen und Farben. Bei dickem Frottier spannen Sie Stickvlies in den Rahmen und stecken das Handtuch mit Stecknadeln ganz am Rand darauf fest. Legen Sie Avalon oder Soluweb über die Oberfläche. Die Reste der Hilfsmittel ziehen Sie nach dem Sticken ab.
Um den Kragen des Poloshirts (großes Bild) in den Stickrahmen zu spannen, nehmen Sie Filmoplast zu Hilfe, entfernen das Deckpapier dort, wo der Kragen kleben soll und spannen es mit einem Teil des Kragens ein. Sticken Sie die Möwe auf das rechte Kragenteil. Verfahren Sie bei dem Nautikwappen auf dieselbe Weise. Für den Sonnenhut und die Schuhe sticken Sie die Möwen auf einen leichten mit Stickvlies unterlegten Baumwollstoff, schneiden die Motive aus und nähen sie von Hand an die vorgesehene Stelle. Achtung: Für die Schuhe muss die Möwe einmal gespiegelt werden!

Pareo

Den Pareo, 100 x 150 cm groß, binden Sie um, wenn Sie vom Hotel zum Strand gehen und sehen darin zauberhaft aus. Er ist aus einem sehr leichten Baumwollstoff hergestellt, bestickt mit vielen Möwen, Fischen sowie am Rand mit Flamingo und Pelikan. Säumen Sie den Pareo rundum 3 cm breit, davon 1 cm Einschlag. Übersticken Sie die Saumkante mit einer Raupennaht. Lassen Sie über die Fläche Möwen in ca. 30 cm Abstand voneinander fliegen, mal von rechts, mal von links. 18 cm vom unteren Rand entfernt ordnen Sie auf einer Linie die Mittelpunkte folgender Tiere an: Flamingo Nr. 8, Fische Nr. 12, Seepferd Nr. 18, Fische Nr. 12 und Pelikan Nr. 7, jeweils im Abstand von 25 cm zueinander.

Strandtasche

Diese Strandtasche ist sehr praktisch: aufgefaltet als Strandunterlage mit Kopfkissen, zusammengelegt als Schultertasche, die alles aufnimmt, was Sie für den Strand brauchen. Ihre drei Bahnen werden mit Schrägband aneinander genäht. Dadurch lässt sie sich gut falten. Die mittlere Bahn besitzt eine Kopfkissentasche mit Reißverschluss, die äußere ein festes Baumwollband als Trageriemen. Eine kleine Außentasche ist mit einer Muschel und dem Monogramm bestickt.

Material:
- 90 x 180 cm, 38 x 43 cm und 19 x 25 cm Baumwollpiqué
- 13 m Schrägband, gefalzt, 2 cm breit
- 3,05 m festes Baumwollband als Tragegurt
- 1 Reißverschluss 30 cm lang
- 2 Knebelknöpfe
- 24 cm schmales Gummiband
- Nähgarn
- Maschinenstickgarn
- 1 Zwillingsnadel

Arbeitsablauf:

▷ Zuschneiden
▷ Sticken
▷ Tasche/Kopfkissen nähen
▷ Bahnen mit Schrägband aneinander nähen und einfassen
▷ Baumwollband aufnähen

1. Schneiden Sie die Teile wie in der Zeichnung angegeben zu.
2. Sticken Sie in die Mitte der Tasche Muschel Nr. 10 und ein Monogramm von Diskette Nr. 1.
3. Säumen Sie die Oberkante der Tasche mit zwei parallelen Steppnähten. Nähen Sie die Tasche mit eingeschlagener Unterkante in die Mitte der rechten Bahn, 12 cm von der Oberkante entfernt. (Die Seitenkanten werden vom Baumwollband überdeckt). In das „Kopfkissenteil“ (38 x 43 cm) legen Sie 2 Falten an jeder Seite 3 cm von der Kante entfernt, sodass es 20 x 30 cm groß wird. Nähen Sie den Reißverschluss an die linke Seite und das mittlere Piquéteil. Steppen Sie die übrigen Kanten des „Kopfkissens“ auf den Piqué und 30 cm Baumwollband quer über die

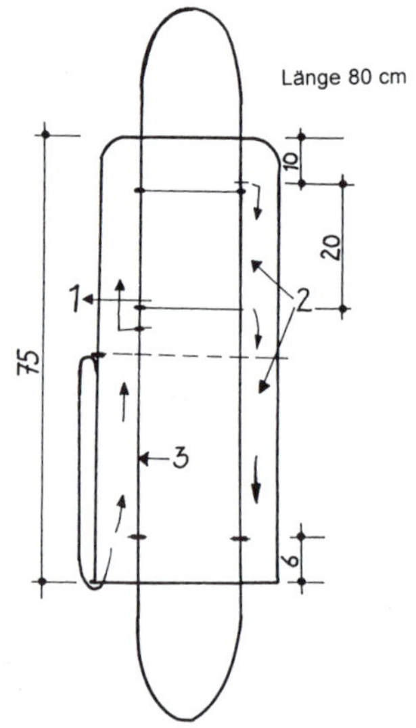

Die Zeichnung zeigt die Strandtasche mit den Tragegurten in aufgeklapptem Zustand. 1 - Tasche, 2 - Stoffbahn, 3 - Tragegurt

untere Kante von einer Seite zur anderen. Teilen Sie das Gummiband in je 6 cm für vier Knebelverschlüsse. Nähen Sie je 2 Gummibandschlaufen mit Knebelknopf 16 bzw. 60 cm von oben gemessen rechts und links an die Kanten.

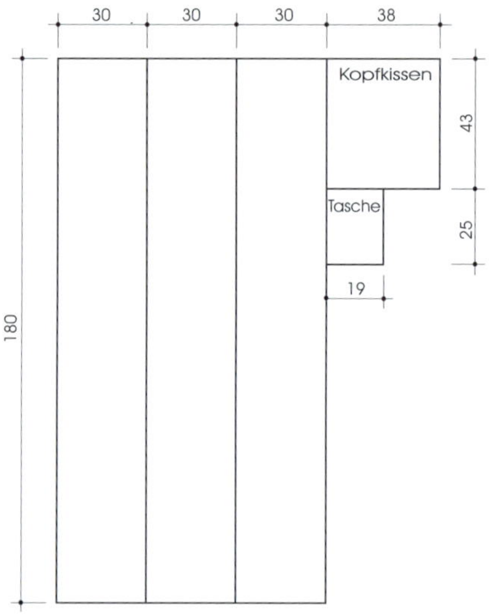

Die Zeichnung zeigt den Zuschnitt der Strandtasche.

Ist der Frottier zu dick für den Stickrahmen, spannen Sie nur Stickvlies ein und stecken das Frottiertuch mit Stecknadeln ganz am Rand daran fest. Auf die Frottierschlaufen der Oberseite legen Sie Avalon oder Soluweb.

4. Nähen Sie die drei Bahnen mit Schrägband folgendermaßen aneinander: Sie legen je ein gefalztes Band unter und über die Längskanten und steppen knappkantig. Mit einer Zwillingsnadel nähen Sie diese Naht oben als Doppelnaht, unten als Zickzacknaht. Das geht sehr schnell und außerdem werden Ungenauigkeiten ausgeglichen. Die Piquébahnen haben zueinander etwa 2 mm Spielraum, damit sich die Tasche gut falten lässt. Runden Sie die äußeren Ecken ab und fassen Sie die Außenkanten mit Schrägband ein. Richten Sie sich nach der Skizze, wenn Sie zum Schluss das 275 cm lange Baumwollband als Tragegurt aufsteppen.

Die Strandunterlage wird zusammengefaltet zur Tasche, die Pareo und Frottiertücher aufnimmt. Die elastischen Knebelverschlüsse könnten selbst ein eingelegtes großes Badetuch noch halten.

Tischdeko-ration Strand

Urlaubserinnerungen zaubern Sie zu Hause mit duftigen Tischdecken aus Schleiernessel und in frischen Farben gesticktem „Strandgut“: Eine große runde Decke reicht bis zum Boden, eine quadratische Mitteldecke mit breitem Saum, auf dem Wellen, Muscheln, Krebse und Leuchttürme gestickt sind, liegt darüber und eine kleinere dritte Decke bauscht sich in der Mitte des Tisches. Sie ist ebenfalls quadratisch, ihr Mittelteil mit Möwen und Fischen bestickt, in ihrem Saum zeichnen Biesen den wellengezeichneten Strand nach und die Ecken werden durch fliegende Fische betont. Feuerrote Hummer auf den Seitenmitten setzen zusätzliche Farbakzente.

Diskette 19, Brother
Stoff Firma Jeromin

Material:
Für einen runden Tisch von 135 cm Durchmesser hat die bodenlange Decke 280 cm Durchmesser, die quadratische Mitteldecke eine Seitenlänge von 150 cm, die kleine gebauschte 100 cm Kantenlänge. Der Schleiernessel liegt 300 cm breit, sodass die bodenlange Decke ohne Naht genäht werden kann.
- Einlauffaden
- Zwillingsnadel
- Nähgarn
- Maschinenstickgarn
- Avalon

Arbeitsablauf:
▷ Zuschneiden
▷ Säumen
▷ Stickerei markieren und sticken

Bodenlange Decke

1. Für die bodenlange Decke messen Sie den Tischdurchmesser und addie-

ren 150 cm hinzu. Legen Sie den Stoff zweimal zur Hälfte (auf ein Viertel), stecken Sie einen Bindfaden in den Knick, ziehen Sie mit dem Markierstift einen Viertelkreis und für den Saum einen zweiten Kreisbogen in 20 cm Abstand. Schneiden Sie durch alle vier Lagen die Decke und die Saumstreifen zu.
2. Nähen Sie den Saumstreifen gegen die Schnittkante der Decke (am besten mit einer Overlockmaschine). Versäubern Sie den oberen Saum, stecken und nähen Sie ihn rundum fest.
3. Sticken Sie mit blauem Garn eine Raupennaht im Abstand von 18 cm zur Außenkante.

Mitteldecke

1. Die Mitteldecke schneiden Sie 190 cm im Quadrat zu und säumen sie 20 cm, davon 1 cm Einschlag.
2. Markieren Sie 20 cm in der Diagonalen der Ecke die Mittelpunkte für die Motive Krebs Nr. 15 und Leuchtturm Nr. 5. Auf dem Saum ordnen Sie ein paar Muscheln Nr. 9 und 10 in unterschiedlichen Farben an. Drei Wellenlinien sticken Sie mit einer Raupennaht in Wasserblau ungleichmäßig über den Saumrand.

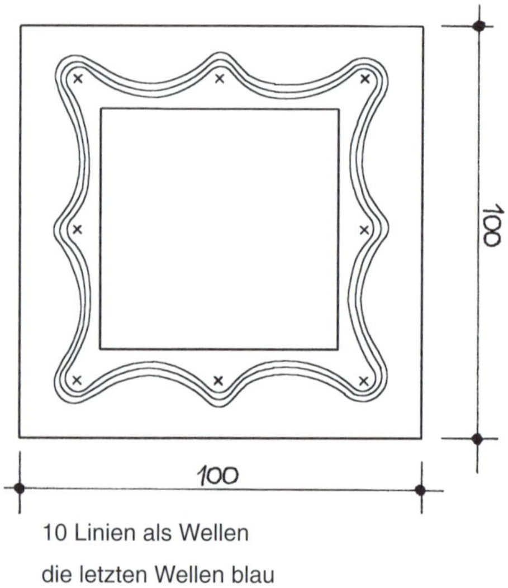

Auf dem breiten Saum der Innendecke verlaufen Wellenlinien, die innen mit einer Zwillingsnadel als Biese genäht, außen als blaue Raupennaht weitergeführt werden.

Muscheln, die im Sand liegen, Möwen, die darüber fliegen, aber auch Fische sind passende Motive für das Strandzubehör.

Obere gebauschte Decke

1. Für die obere gebauschte Decke schneiden Sie 140 x 140 cm zu und säumen sie 20 cm, davon 1 cm Einschlag.
2. In den Ecken markieren Sie den Mittelpunkt für Fisch Nr. 11, 20 cm von der Kante entfernt und in der Seitenmitte Hummer Nr. 17, 13 cm entfernt. Sticken Sie die Motive. Zeichnen Sie dann ca. 10 Wellenlinien auf den Saum, die mal enger, mal weiter um die Motive herumführen. Die inneren Wellen nähen Sie als Biese mit einer Zwillingsnadel und einem Einlauffaden. Stellen Sie die obere Fadenspannung recht fest, damit die Biese plastisch erhaben wird. Die drei äußeren Wellen am Rand übersticken Sie auch mit Einlauffaden, aber mit der normalen Nadel und einer Raupennaht in Wasserblau.
3. Im Innenfeld lassen Sie die Fische Nr. 12, 37 cm von der linken und 29 cm von der unteren Kante entfernt, schwimmen. Im Inneren verteilen Sie 8 Möwen in ungleichmäßigen Abständen, die Sie mal mit grauen, mal mit graublauen Flügeln sticken.

Mit einer Zwillingsnadel und zwei Oberfäden mit fester Fadenspannung lassen sich wirkungsvolle Biesen mit der Nähmaschine nähen.
Aber auch mit einem Einlauffaden, der durch das Loch der Stichplatte geführt wird und mit einer einfachen Raupennaht überstickt ist, entstehen dekorative Wellenlinien.

Picknick-rucksack

Dieser Rucksack hat sich schon vielfach bewährt. Er enthält alles, was man nach einer langen Wanderung zur wohlverdienten Rast braucht. Mit einem Reißverschluss lassen sich zwei Seiten mit Zubehör öffnen: Bestecke und Servietten in Fächern auf der einen Seite, auf der anderen Holzbretter, Pfeffer- und Salzmühle, Dosenöffner und Korkenzieher von elastischen Bändern gehalten, mit einem zusammengefalteten Tischtuch dazwischen. Ein zweiter Reißverschluss öffnet das Vorratsfach mit 2 Halterungen rechts und links für Flaschen und Platz für alles, was zur deftigen Brotzeit gehört. Der blaue Jeansstoff des Rucksacks ist sehr haltbar.
Die Fächer aus grünem Baumwollstoff mit kleinen weißen Punkten, passend mit Enzian, Edelweiß und Glockenblume bestickt, sind aufgenäht. Die gleichen Blumen zieren die Vorderseite der Träger.
Ist das grün/weiß karierte Tischtuch ausgebreitet, erkennt man die abgesetzten Ecken aus gepunktetem Stoff und darüber Motive von der Diskette „Wildtiere“. Auf grün/weiß gestreiften Servietten wiederholen sich Hirsch, Hase, Hund und Fasan, sodass jeder Rastende seinen Platz findet. Ein passendes Geschirrtuch, farbenfroh mit Hahn und Henne bestickt, liegt zum Abtrocknen bereit.

Disketten 4, 19, 21, 49, Pfaff

Das Projekt „Picknick“ ist eine Näharbeit, die sich an Fortgeschrittene wendet. Die Einteilung des Rucksacks richtet sich nach den Utensilien, die darin mitgenommen werden sollen.

Material für den Rucksack:
- 145 cm Jeansstoff 150 cm breit
- 1 Reißverschluss 70 cm lang
- 1 Reißverschluss 125 cm lang
- 80 cm Volumenvlies 280
- 2 Steckschnallen
- 1 m Gummiband 5 cm breit
- 4 cm Klettverschluss
- 60 cm Baumwollband (Flasche)

Für Tischdecke/Servietten:
- 150 x 150 cm Baumwollstoff kariert
- 100 x 100 cm Baumwollstoff gestreift
- 45 x 150 cm Baumwollstoff gepunktet
- Nähgarn
- Maschinenstickgarn

Arbeitsablauf:
▷ Zuschneiden
▷ Sticken
▷ Taschen, Schlaufen und Träger nähen
▷ Zusammennähen

Eine Ebene des Rucksacks ist für Besteck, Holzbretter, Korkenzieher, Servietten und Tischdecke reserviert, die zweite Ebene beherbergt die Vorräte wie Brot, Schinken und Käse. Die Flaschen stehen aufrecht an den Seiten und werden durch bezogene Gummibänder gehalten.

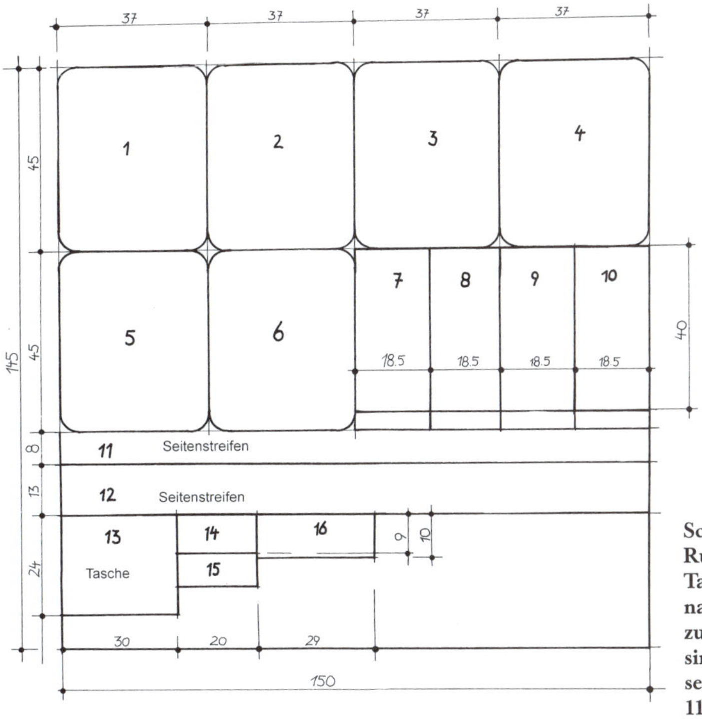

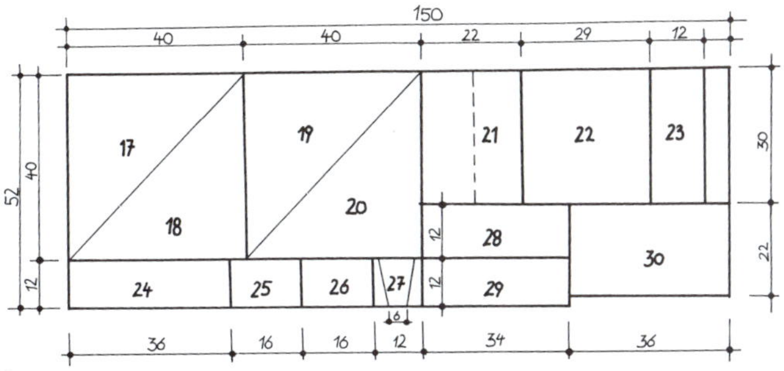

Schneiden Sie den Rucksack mit Tasche und Trägern nach der Zeichnung zu. Die Nummern sind: 1–6 Rucksackseiten, 7–10 Träger, 11–12 Seitenstreifen, 13 Tasche, 14–15 Besatzteile, 16 Trageschlaufe, 17–20 Ecke, 21 Taschenklappe, 22 Flaschenhülle, 23 Serviettenschlaufe, 24 Holzbrettschlaufe, 25 Pfeffer-, Salzschlaufe, 26 Dosenöffner, 28–29 Flaschenschlaufe, 30 Besteckschlaufe

Die Träger des Rucksacks und eine Flaschenhülle sind mit einem Blumenmotiv bestickt, das im „Bigrahmen“ in zwei Teilen gearbeitet wird.

Der Rucksack besteht aus 3 x 2 Flächen, mit je einer Lage Volumenvlies dazwischen. Auf der Außenfläche ist eine Tasche mit gepunkteter Klappe, innen gepunkteter Stoff zu Bestecktaschen und Serviettenhaltern genäht. Die eine Innenfläche hat bezogene Gummibänder für Holzbretter, Pfeffer, Salz, Dosen- und Flaschenöffner und eine Tasche für den Korkenzieher. Verbunden sind die beiden Flächen durch den Seitenstreifen mit eingenähtem 75 cm langem Reißverschluss, der im Boden 16 cm offen bleibt, damit er gewendet werden kann.

An das Außenteil sind seitlich und oben Träger genäht, die mit Steckschnallen zusammengehalten werden. Verbunden ist das Außenteil mit dem 8 cm breiten Seitenstreifen, in den der 125 cm lange Reißverschluss eingesetzt ist, der im Boden 16 cm offen bleibt, damit er gewendet werden kann. Über einen 13 cm breiten Seitenstreifen, in den der 75 cm lange Reißverschluss eingenäht ist, sind beide Teile mit doppeltem Rücken verbunden. Am Rücken sind seitlich und oben die Träger und ein Handgriff befestigt. Die Besatzteile 14 und 15 werden am Boden über den Wendeschlitz und die Naht der Seitenstreifen genäht. Das große Fach enthält etwa 20 cm entfernt zur unteren Kante mit Stoff bezogene Gummibänder für Flaschen.

Tischdecke

Arbeitsablauf:
▷ Zuschneiden
▷ Dreiecke aufnähen
▷ Sticken
▷ Säumen

Die Tischdecke hat eine fertige Größe von 140 x 140 cm.

1. Schneiden Sie die 150 x 150 cm große Tischdecke aus kariertem Stoff sowie aus Punktestoff vier Dreiecke, jedes mit einer Seitenlänge von 40 cm zu.

2. Bügeln Sie die Diagonalen der Dreiecke nahtbreit um, stecken Sie je ein Dreieck in eine Ecke der Tischdecke. Steppen Sie die eingeschlagene

Diagonale und die Seitenkanten knapp von rechts.
3. Sticken Sie ein ausgewähltes Tier von der Diskette in die Mitte oberhalb der diagonalen Kante.
4. Säumen Sie die Decke 5 cm breit, davon 1 cm Einschlag.

Servietten

1. Schneiden Sie die Servietten aus gestreiftem Stoff 50 x 50 cm groß zu.
2. In jeweils einer Ecke markieren Sie den Mittelpunkt 9 cm über der Spitze für eines der Tiere der Tischdecke.
3. Sticken Sie auf jede Serviette ein anderes Motiv.
4. Säumen Sie sie 2 cm breit mit schmalem Einschlag.

Geschirrtuch

1. Auf dem Geschirrtuch markieren Sie den Mittelpunkt des Motivs in der Mitte 12 cm über der unteren Kante.
2. Sticken Sie Hahn und Henne in kräftigen Farben.

Flaschenhülle

Sie benötigen zusätzlich:
• 22 x 41 cm Stoffrest (als Futterstoff)
• 22 x 41 cm Volumenvlies
• 30 cm Baumwollband 5 mm breit

1. Die Flaschenhülle besteht aus Ober- und Futterstoff mit einer Lage Volumenvlies dazwischen. Schneiden Sie aus Punktestoff Teil Nr. 22 und einen 22 x 32 cm großen Stoffrest zu, wenn möglich aus wasserdichtem Material. Schneiden Sie den Boden mit 9 cm Durchmesser je einmal aus Stoff, Futterstoff und Vlies zu.
2. Dann nähen Sie die Teile rechts auf rechts mit dazwischen gelegtem Volumenvlies zusammen, wobei der Innenstoff oben 2 cm übersteht. Säumen Sie die seitliche Nahtzugabe des überstehenden Innenstoffs und wenden Sie die Hülle durch einen seitlich gelassenen Schlitz, der anschließend geschlossen wird. Säumen Sie den oben überstehenden Innenstoff mit knappem Einschlag und ziehen Sie das Baumwollband durch den entstandenen Tunnelzug.

Reiterin

Besonders junge Mädchen lieben das Reiten, und wenn Sweatshirt, Polarfleecehemd, Weste und Täschchen auch noch mit Pferdemotiven bestickt sind, ist das Glück vollkommen. Doch auch Handtücher, Matchsack und ein Beutel für das Pferdeputzzeug sind, mit Reitmotiven zünftig dekoriert, sehr beliebt. Für kleine Reiter hat das Schaukelpferd eine Satteldecke bekommen, denn früh übt sich, wer ein Meister werden will!

Diskette 9 und 27, Pfaff

Alle Teile sind in Größe 140 angegeben. Die erforderlichen Materialien werden bei jedem Modell aufgezählt, Maschinenstickgarn, Stickvlies und Nähgarn benötigen Sie für alle.

Sweatshirt

Das rote Sweatshirt der Reiterin ist vorne 12 cm unter dem Halsausschnitt mit dem Emblem Hufeisen/ Springreiter bestickt. Unterlegen Sie Trikot immer mit Stickvlies. Mit Avalon oder Soluweb auf der Oberseite verhindern Sie ein Verrutschen des Stoffes und ein Einsinken der Stickerei.

Polarfleecehemd

Polarfleece ist ein idealer Stoff. Er franst nicht aus, verzieht sich nicht und ist strapazierfähig. Polarfleece hält sehr warm und ist in vielen Farben verfügbar. Gerade richtig für einen Lieblingspullover, der dann auch noch mit dem Kopf des geliebten Pferdes bestickt ist. Das große Reitsportmotiv Nr. 16 von Diskette 9 schmückt die Rückenmitte.

Material:
- 100 cm Polarfleece 150 cm breit
- Zwillingsnadel

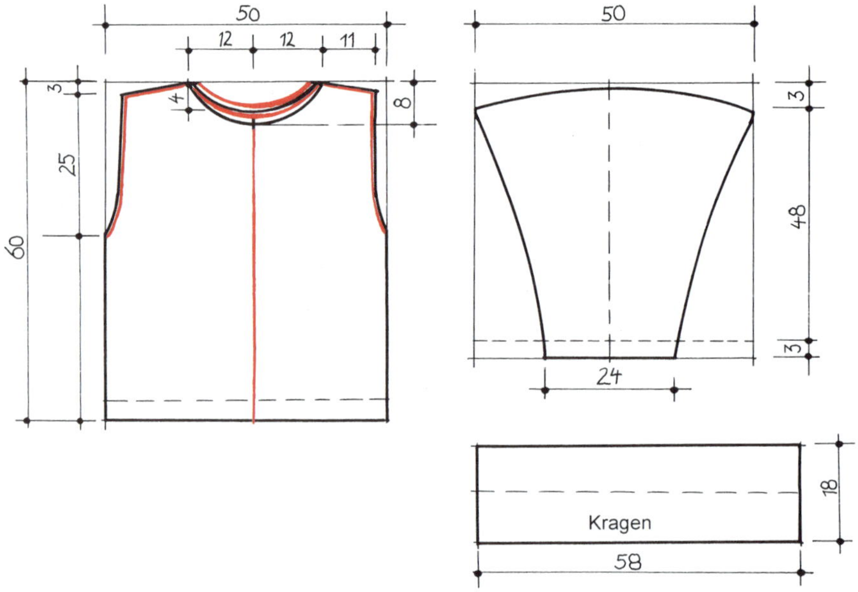

Die Zeichnung zeigt den Schnitt des Fleecehemdes. Die Weste hat den gleichen Schnitt ohne Ärmel, das Vorderteil wird geteilt.

1. Übernehmen Sie den Schnitt von der Zeichnung.
2. Sticken Sie auf die linke Seite des Vorderteils 20 cm von der Schulternaht entfernt den Pferdekopf Nr. 15 mit Musterumkehr, damit das Pferd zur Mitte schaut. Ganz toll ist es, den Namen des Pferdes in Blockschrift von Diskette 4 darunter zu schreiben. In die Rückenmitte 15 cm unterhalb des Halsausschnitts sticken Sie Motiv Nr. 16 von Diskette 9.
3. Schließen Sie die Schulternähte und setzen Sie die Ärmel ein. Steppen Sie von rechts eine Ziernaht auf beide Nähte. Die Ärmelseitennaht schließen Sie in einem Arbeitsgang. Säumen Sie Ärmel und Körperteil mit einer Zwillingsnadel von der rechten Stoffseite.

Ob auf einem Sweatshirt oder einem Polarfleecehemd, die Reitermotive sehen immer toll aus!

Dann nähen Sie das Kragenteil erst rechts auf rechts mit einer einfachen Naht, schlagen es nach innen und steppen es von rechts mit der Zwillingsnadel knapp neben der Naht fest.

Ledertäschchen

Leder lässt sich mit Hilfe von Stickvlies und Avalon oder Soluweb sehr gut besticken und sieht schick aus.

Material:
- 21 x 36 cm Leder
- 21 x 36 cm Volumenvlies 280
- 21 x 36 cm Futterstoff
- 1 Reißverschluss 12 cm lang
- 170 cm Kordel

Arbeitsablauf:
▷ Zuschneiden
▷ Sticken
▷ Zusammennähen
▷ Einfassen mit Tresse oder Kordel

1. Schneiden Sie je ein Teil 21 x 36 cm aus Leder, Futterstoff und Volumenvlies zu.
2. Besticken Sie die Vorderseite 7 cm vom Boden entfernt mit dem Reiteremblem Nr. 1 von Diskette 27. Das Unterlegen mit Stickvlies ist unbedingt erforderlich, ebenso das Abdecken mit Avalon oder Soluweb.

Auch Leder lässt sich mühelos besticken und so ein hübsches Täschchen zaubern.

3. Nun unterlegen Sie das Leder mit Volumenvlies, schlagen die Oberkante 2 cm ein und setzen den Reißverschluss ein. Steppen Sie den Futterbeutel mit eingeschlagener Kante gegen den Reißverschluss. Schließen Sie die Nähte von Leder- und Futterbeutel.
4. Zum Schluss nähen Sie die Kordel von Hand an die Außennaht und verknoten die Enden.

Weste

Eine warme Weste aus Mikrofaserstoff mit Polarfleece gefüttert und Tresse gesäumt, ist blitzschnell genäht. Mit dem Reiteremblem auf dem Rücken versehen, ist sie ebenfalls ein tolles Geschenk.

Material:
- 100 cm Polarfleece 100 cm breit
- 100 cm Mikrofaserstoff 120 cm breit
- 370 cm Tresse
- 2 Nähfrei-Druckknöpfe
- 2 kleine rote Knöpfe

1. Schneiden Sie nach der Zeichnung (Seite 58) Vorder- und Rückenteil aus Mikrofaser und Polarfleece zu, außerdem 2 Taschen 12 x 14 cm und 2 Taschenklappen 14 x 16 cm aus Mikrofaser. Teilen Sie das Vorderteil in der Mitte und runden Sie die vorderen Ecken oben und unten ab.
2. Sticken Sie in die Rückenmitte 15 cm von der Halskante entfernt das Reiteremblem Nr. 16 von Diskette 9, auf das linke Vorderteil 18 cm von der Schulter entfernt den Dressurreiter Nr. 5 von Diskette 27.
3. Säumen Sie die Taschen 2 cm breit und verstürzen Sie die Klappen. Nähen Sie nun Taschen und Taschenklappen auf beide Vorderteile des Mikrofaserstoffs 6 cm über die untere Schnittkante. Schließen Sie bei beiden Stoffen die Schulter- und Seitennähte.
4. Stecken Sie beide Teile ineinander und fassen Sie die Kanten mit Tresse ein. Schlagen Sie in jede Tasche einen Druckknopf und halten Sie mit einem roten Knopf das Revers zur Seite.

Matchsack

Der Matchsack in der gleichen Größe wie der Seesack von Seite 50, wird nach derselben Nähanleitung gearbeitet. Die aufgesetzte Tasche erhält Motiv Nr. 1 von Diskette 27.

Putzbeutel

Etwas kleiner und ohne Tasche ist der Beutel für das Pferdeputzzeug. Der Durchmesser des Bodens beträgt 24 cm, sein Umfang 75 cm, seine Höhe 42 cm. Das Pferdesportemblem Nr. 16 von Diskette 9 ist 15 cm vom Boden gestickt. Die Kordel ist 1 m lang, wird nur durch einen Tunnelzug gezogen und geknotet.

Handtücher

Bei den Handtüchern ist es wichtig, dass Sie Avalon oder Soluweb über die Schlingen legen und mit einspannen. 12 cm über der unteren Kante springt das Pferd von Diskette 27 Motiv Nr. 17, wahlweise nach rechts oder mit Musterumkehr nach links.

Satteldecke

Material:
- 28 x 112 cm Polarfleece
- 28 x 56 cm Volumenvlies 280
- 170 cm Tresse

Die kleine Satteldecke auf dem Schaukelpferd wird aus zwei Stücken Polarfleece, gefüttert mit einer Volumenflieslage, gearbeitet. Auf beiden Seiten der oberen Lage wird das Pferdemotiv Nr. 17 von Diskette 27 gestickt. Die Mitte wird durch ein aufgestepptes Tresseband gehalten, die Kanten sind mit Tresse eingefasst.

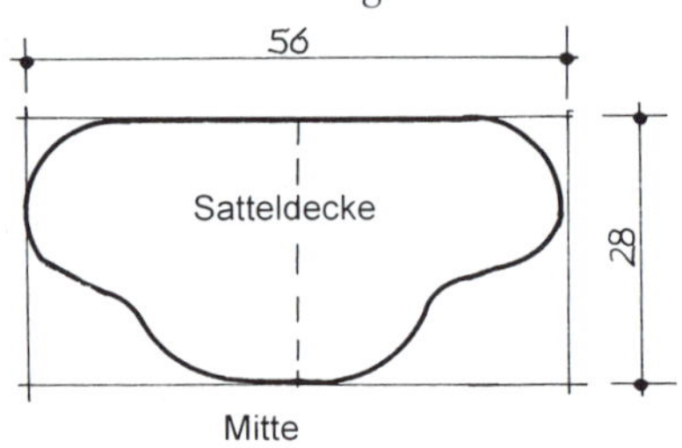

Die kleine Satteldecke wird doppelt aus Polarfleece zugeschnitten.

Tischdecke für Reitsport-fans

Mit den klassischen Farben der Reiterei ist diese Tischdecke gestaltet: Ein tannengrünes Mittelteil wird von einem rot/weiß gestreiften Rand umgeben und mit Bändern in blau und rot verbunden. Die Deckenmitte symbolisiert einen Parcours, in dem vier Reiter Hindernisse überspringen, in den Ecken wiederholt sich das Motiv. Ein Dressurreiter schmückt auch die Servietten, deren rotes Leinen einen passenden Farbakzent setzt. Auf einem Kissen reiten 3 Dressurreiter in Formation über ein rot/blaues Band, auf dem anderen springen Reiter und Pferd über ein Hindernis.

Diskette 27, Pfaff

Material:
- 140 cm Baumwollstoff 140 cm breit
- 120 cm gestreifter Stoff 152 cm breit
- 16 m Nahtband, blau 3 cm breit
- 8 m Nahtband, rot 2 cm breit
- Maschinenstickgarn
- Nähgarn

Arbeitsablauf:
▷ Zuschneiden
▷ Sticken
▷ Zusammennähen
▷ Bänder aufnähen
▷ Säumen

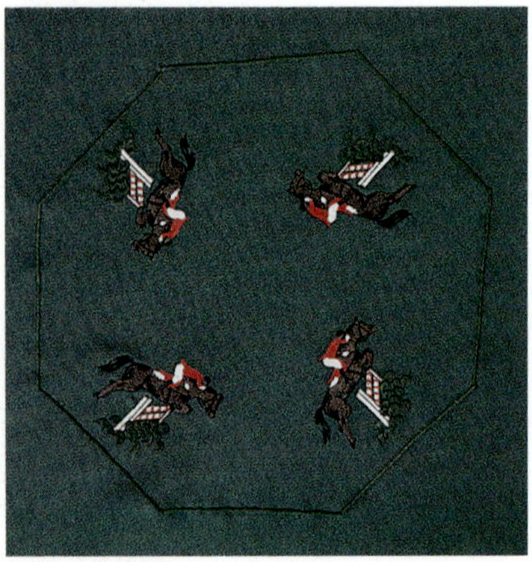

Vier Springreiter in einem Achteck bilden den Mittelpunkt der Decke.

Die fertige Deckengröße beträgt 148 x 148 cm.
1. Schneiden Sie das Mittelteil fadengerade zu, teilen Sie den gestreiften Stoff in 4 Bahnen à 30 x 152 cm.
2. Zeichnen Sie über die Deckenmitte ein Achteck mit 30 cm Durchmesser und versehen Sie es mit einer Raupennaht (Zickzackstich, Stichlänge 0,3 mm, Stichbreite 2,5 mm). Sticken Sie 1 cm über die Mitte jeder zweiten Seite des Achtecks einen Springreiter Nr. 13.
3. Versäubern Sie die Schnittkanten. Dann nähen Sie die Streifen an das Mittelteil mit der Naht zur rechten Stoffseite, bügeln die Ecken im 45°-Winkel um, schneiden nach der Nahtzugabe den überschüssigen Stoff ab und steppen die Diagonalen mit den Nahtzugaben zur linken Stoffseite.
4. Nähen Sie erst das rote Nahtband über die Ansatznaht, dann das blaue in 1 cm Abstand zur roten Innenkante.
5. Bügeln Sie die Außenkante 2 cm zur linken Stoffseite und nähen Sie das blaue Nahtband von links dagegen.

Servietten

Rote Leinenservietten setzen einen Farbakzent zur grünen Decke. Jeweils eine Ecke ist mit einem Dressurreiter betont, mal mit Schimmel, mal mit Rappen. Die Tafelserviette, 50 x 60 cm groß, ist 3 cm breit gesäumt. Nach dem Sticken bügeln Sie die Kanten, nähen die Ecken und steppen die Saumkante (siehe Seite 14).

Kleines Kissen

40 x 40 cm

Material:
- 42 x 84 cm Stoff
- 42 cm Nahtband, rot 2 cm breit
- 42 cm Nahtband, blau 3 cm breit
- 1 Reißverschluss 35 cm lang
- 120 cm Einzugskordel
- Stoffrest gestreift für Schrägband
- Maschinenstickgarn
- Nähgarn

Wollen Sie die rote Leinenserviette knapp über dem Saum besticken, empfiehlt es sich, den Stoff auf Filmoplast zu kleben, damit er nicht verrutscht.

1. Schneiden Sie die Teile zu.
2. Sticken Sie 3 Dressurreiter (Nr. 5) in die Mitte des Kissens 14 cm von der oberen Kante entfernt.
3. Steppen Sie mit 1 cm Abstand zu den Reitern erst das rote, dann das blaue Band. Setzen Sie die Einzugskordel mit Hilfe des Reißverschlussfußes in den Schrägstreifen. Schließen Sie die linke Seitennaht und die obere Kante mit eingenähter Kordel. Steppen Sie das Kordelband an die Nahtzugabe des Oberstoffs und nähen Sie dann den Reißverschluss ein.

Großes Kissen

40 x 60 cm
Das große Kissen hat den Springreiter (Nr. 13) auf der rechten Seite, eine rot/weiß gestreifte Ecke links.

Material:
- 62 x 82 cm Stoff
- 42 cm Nahtband, rot 2 cm breit
- 47 cm Nahtband, blau 3 cm breit
- 1 Ecke des gestreiften Tischdeckenstoffes, der bei der Briefecke abfällt
- 1 Reißverschluss 35 cm lang
- Maschinenstickgarn
- Nähgarn

1. Sticken Sie den Reiter 13 cm von oben und 20 cm von links auf die obere Kissenplatte.
2. Steppen Sie die Ecke des Tischdeckenstoffs auf die Kissenecke. Überdecken Sie die Schnittkante mit dem roten Nahtband, 1 cm darüber steppen Sie das blaue Nahtband.
3. Dann setzen Sie den Reißverschluss ein und schließen Sie die restlichen Nähte.

Fußballmannschaft

„Stark“ fühlt sich die Mannschaft, deren T-Shirts, Kappen und Matchbeutel mit dem Vereinswappen bestickt sind. Das ist heute gar nicht mehr schwierig, denn das Wappen lässt sich scannen, im Rechner durch ein Bearbeitungsprogramm mit Stichen füllen und auf die Maschine übertragen. Bestickt werden kann alles, was der Mannschaft gehört, auch die Größe ist veränderbar. Auf den Kappen z. B. ist das Wappen verkleinert gestickt. Den Namen des Sportvereins programmieren Sie im Speicher und schreiben ihn unter das Wappen.
Natürlich haben Fußballtrikots eine Nummer auf dem Rücken, auch diese lässt sich aufsticken. Und damit die Matchbeutel nicht verwechselt werden, ist der Spielername – im Memoryspeicher programmiert – über das Wappen gesetzt. So ausgerüstet muss die Mannschaft gewinnen!

Scanner und Bearbeitungsprogramm Diskette 4, creative card, Pfaff

Besticken Sie die Trikots mit untergeklebtem Filmoplast. Für die Kappen gibt es einen Spezialrahmen, in den sie ebenfalls mit Filmoplast eingespannt werden. Die Matchbeutel haben die gleiche Größe wie der Seesack. Arbeiten Sie nach der Beschreibung auf Seite 50.

Mit dem Scanner übertragen, lässt sich das Wappen im Rechner mit Stichen ausfüllen und auf die Nähmaschine übertragen.

Schulkind Greta

Der erste Schultag wird von allen Kindern lange ersehnt. Nun stehen Ranzen und Schultüte bereit. Doch es sind noch mehr Sachen, auf die Greta und Stefan achten müssen! Deshalb stickt Mutti auf alles ein Erkennungszeichen: zu Gretas Namen in Großbuchstaben eine Koalabärin mit Jungem, Stefans Sachen (auf Seite 66) ziert neben seinem Namen in Schreibschrift ein Fußball. Sie können die Kombination von Motiv und Namen nach Wunsch der Kinder variieren, speichern und jederzeit abrufen.

Disketten 1 und 4 für Greta
Disketten 1 und 8 für Stefan,
alle Singer

Die Schulausrüstung besteht aus:
• Turnzeug
• Turnbeutel
• Handtuch und Waschlappen
• Set und Serviette
• Regenumhang
• Blockflötentasche

Turnzeug, Trainingsanzug, Handtuch und Waschlappen sind fertig gekauft. Turnbeutel, Set und Serviette, Regenumhang und Blockflötentasche können nach der Beschreibung genäht werden.

Sie benötigen:
• Stickvlies
• Avalon oder Soluweb
• Nähgarn
• Maschinenstickgarn
• Markierstift

Erkennungszeichen für Greta ist die Koalabärin mit Baby von Diskette 4 sowie ihr Name in Großbuchstaben von Diskette 1. Speichern Sie diese Kombination ab, so ist sie jederzeit abrufbar.

Die Turnschuhe werden im Turnbeutel aufbewahrt. An der Oberkante wird er mit zwei Bändern gezogen, die durch einen Tunnelzug laufen.

Turnbeutel

Material:
• 40 x 100 cm Baumwollstoff
• 2 m Baumwollband

Arbeitsablauf:
▷ Zuschneiden
▷ Sticken
▷ Tunnelzug nähen
▷ Zusammennähen
▷ Band durchziehen

Turnbeutel:

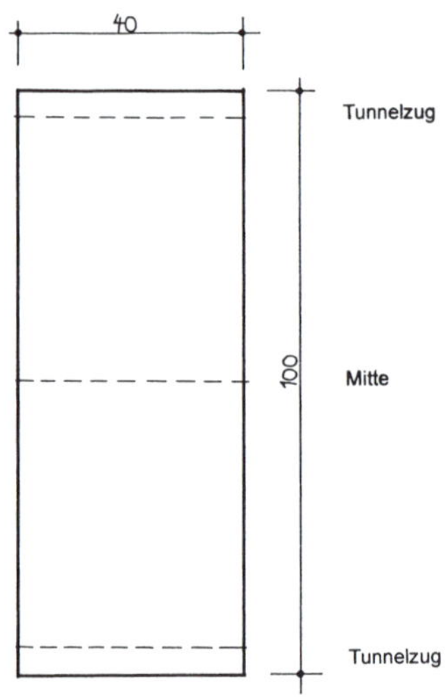

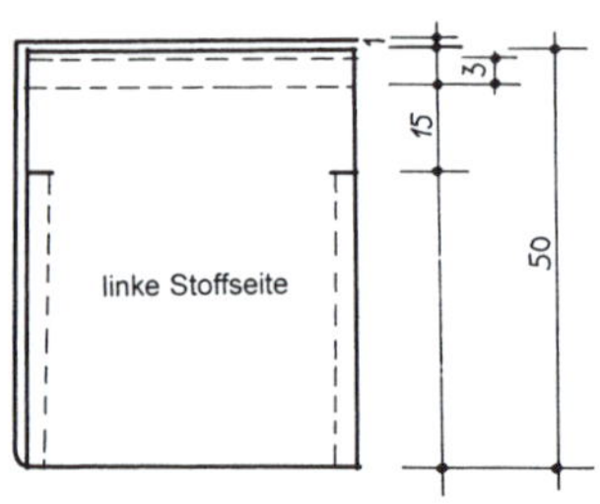

Der Turnbeutel aus festem Baumwollstoff ist sehr einfach zu nähen. Er wird in einem Teil zugeschnitten, und die oberen Kanten werden als Tunnelzug umgenäht.

1. Der Turnbeutel ist aus stabiler Baumwolle gefertigt. Zugeschnitten wird ein Stoffteil von 40 x 100 cm Größe.
2. Sticken Sie das Motiv 36 cm von der oberen Schnittkante entfernt in die Mitte des Beutels, den Namen darunter.
3. Für den Tunnelzug nähen Sie 15 cm lang die Nahtzugabe an den Seiten ein und säumen den Beutel 6 cm breit. Die Seiten bleiben dabei noch offen.
4. Nun legen Sie den Stoff zur Hälfte rechts auf rechts, steppen die Seitennähte bis zum Tunnelzug und versäubern die Nahtzugabe.
5. Ziehen Sie die Bänder, je 100 cm lang, von rechts und links durch den Tunnelzug und vernähen Sie die Enden.

Turnzeug

Der Koalabär wurde genau in die Mitte des T-Shirts, 10 cm von der Halskante entfernt, gestickt. Der Namenszug befindet sich direkt darunter. Dünner Trikot ist sehr elastisch, deshalb benötigt er ein Hilfsmittel zum Sticken. Sie können Avalon oder Soluweb mit einspannen oder Filmoplast unterkleben und in den Rahmen spannen. Nach dem Sticken ziehen Sie die Reste der Hilfsmittel ab. Die Turnhose hat ihr Symbol auf dem rechten Hosenbein. Verfahren Sie wie beim T-Shirt, denn der Stoff ist ebenfalls extrem dehnfähig.

Handtuch und Waschlappen

Im Klassenraum hat jeder Schüler sein Handtuch neben dem Waschbecken hängen, so ist zur Unterscheidung ein Erkennungszeichen notwendig. Bei Frottier muss Avalon oder Soluweb über die Frottierschlaufen gespannt werden. Bei dickem Frottier spannen Sie nur Stickvlies in den Rahmen und stecken das Handtuch ganz knapp in den Ecken des

GRETA
GRETA
GRETA
GRETA
GRETA
GRETA
GRETA

Stickrahmens mit Stecknadeln fest. So springt es nicht aus dem Rahmen, wird aber auf dem Stickvlies gehalten. Um Gretas Handwaschlappen zu besticken, müssen Sie seine Seitennaht 10 cm lang auftrennen, damit der Stickrahmen eingespannt werden kann. Nach dem Sticken ist die Naht wieder zu schließen.

Set und Serviette

Material:
- 35 x 45 cm Piqué
- 160 cm Schrägband
- 45 x 45 cm Baumwollstoff

Das Emblem auf dem 35 x 45 cm großen Set ist oben links angeordnet. Der feste Piqué kann ohne Hilfsmittel bestickt werden. Eingefasst wird das Set mit einem Schrägband, erst von der linken Stoffseite, dann von rechts.

Die Serviette aus einfacher Baumwolle ist 45 x 45 cm groß und schmal gesäumt. Sie ist in einer Ecke mit dem Emblem bestickt. Der Baumwollstoff muss mit Stickvlies unterlegt werden.

Zur Frühstückspause wird ein Set auf den Schultisch gelegt. Set und Serviette sind unverwechselbar, da sie mit dem gewünschten Emblem bestickt sind.

Regenumhang

Sehr praktisch bei schlechtem Wetter ist ein Regenumhang für den Schulweg. Er ist so weit geschnitten, dass der Schulranzen darunter Platz findet. Beim Fahrrad fahren kann er mit zwei Schlaufen am Lenker festgehalten werden. Den gleichen Umhang hat der kleine Abenteurer von Seite 44. Übernehmen Sie von dieser Seite auch den Schnitt. Er besteht aus Vorderteil, Rücken und 2 Kapuzenteilen. Zum Radfahren sind zwei Griffe aus Nahtband vorgesehen. Die Maße sind für Größe 128–140 angegeben.

Blockflötenhülle

Material:
- 16 x 40 cm Wollstoff
- 30 cm Kordel
- 1 Kordelstopper

Für die Blockflöte ist eine Schutzhülle einfach zu nähen. Auch sie wird mit dem ausgewählten Emblem bestickt, damit sie schnell wieder gefunden werden kann.

Für die Blockflötenhülle schneiden Sie aus einem Wollstoffrest 16 x 40 cm zu und sticken Emblem und Namen darauf. Versäubern Sie alle Schnittkanten. Für die Öffnung des Tunnelzugs bügeln Sie die Nahtzugaben der Seitennaht von oben auf einer Länge von 11 cm ein und steppen sie fest. Schlagen Sie nun 5 cm von der Oberkante um, und steppen Sie den Tunnelzug mit 1 cm Einschlag. Schließen Sie die Nähte seitlich und unten. Zum Schluss ziehen Sie eine Kordel durch den Tunnelzug, einen Kordelstopper ein und verknoten die Enden. Stefan Flötenhülle hat einen einfachen Tunnelzug.

Schulkind Stefan

Stefan liebt das Fußballspielen und hat sich deshalb für seine Schulausrüstung einen Fußball mit seinem Namen in roter Schreibschrift darunter ausgesucht. Speichern Sie den Fußball von Diskette 8 und darunter den Namen von Diskette 1 in Schreibschrift.

Stefans Schulausrüstung besteht aus:
- Turnzeug
- Turnbeutel
- Trainingsanzug
- Handtuch und Waschlappen
- Set und Serviette

Sie benötigen außerdem:
- Stickvlies
- Avalon oder Soluweb
- Nähgarn
- Maschinenstickgarn

Turnbeutel

Als Fußballfan hat Stefan seinen Turnbeutel in den Farben schwarzweiß gestreift gewählt. Der Beutel wird mit einem roten Band zusammengezogen. Der Zuschnitt und das Nähen erfolgt wie bei Gretas Beutel auf der Seite 64 beschrieben.

Turnzeug

Stefans T-Shirt hat das Emblem 17 cm unterhalb der linken Schulter/Halskante. Unterlegen Sie den weichen Trikot mit Stickvlies oder Avalon, damit er sich nicht verzieht. Die Turnhose dekorieren Fußball und Name auf dem rechten Hosenbein oberhalb der Saumkante. Bei dem Mischgewebe legen Sie Stickvlies auf die Rückseite oder unterkleben die Stelle mit Filmoplast um ein glattes Ergebnis zu bekommen, die Reste ziehen Sie anschließend ab. Den dunkel-

blauen Trainingsanzug verziert ebenfalls Stefans Fußball: Das Oberteil wird oben links in der Höhe des Reißverschlussansatzes, die Hose auf dem rechten Hosenbein, 20 cm vom Bund entfernt, bestickt. Auch hier gilt es, mit Stickvlies zu unterlegen. Bei sehr dickem Trikot spannen Sie nur das Stickvlies ein und stecken den gewählten Teil des Trainingsanzuges darauf fest.

Handtuch und Waschlappen

Handtuch und Waschlappen sind leuchtend rot, was es Stefan einfach macht, sie wieder zu finden. Auch sein Fußball leuchtet schon von weitem, der Name ist hierauf in Schwarz gestickt. Um Frottier zu besticken, verfahren Sie am besten so: Sie spannen das Stickvlies in den Stickrahmen und stecken darauf den Frottier und eine Schicht Avalon mit kleinen Nadeln ganz am Rand fest. So hält das Vlies den Frottier und das Avalon die Schlaufen zur Seite. Nach dem Sticken ziehen Sie die Hilfsmittel ab. Avalon löst sich auch in Wasser auf.

Set und Serviette

Das Set für die Frühstückspause ist aus dunkelblauem Piqué, der mit einem roten Schrägband eingefasst ist. Schneiden Sie das Set 35 x 45 cm groß zu und runden Sie die Ecken. Nähen Sie das Schrägband erst von der linken Stoffseite in der Bruchkante an, beginnen Sie an der Unterkante, lassen Sie aber ca. 5 cm Band frei hängen, steppen Sie rundum bis ca. 5 cm vor den Anfang. Jetzt legen Sie die genaue Länge fest, schneiden die Enden schräg ab und nähen sie in der richtigen Länge schräg aneinander. Schließen Sie dann die Naht. Schlagen Sie nun das Schrägband zur rechten Stoffseite und steppen Sie es knapp mit eingeschlagener Kante fest. Sticken Sie das Emblem oben links auf die Fläche. Die karierte Serviette ist 45 x 45 cm groß. Sie ist rundum schmal gesäumt und hat das Emblem in der linken unteren Ecke.

Kinderküche

Kochen wie die Großen – das macht Spaß: da muss gerührt, gemixt und natürlich probiert werden. Aber auch das Zubehör muss stimmen!
Wie in Muttis Küche: eine große Schürze mit eigenem Namen und einer auf die Tasche gestickten Kaffeekanne mit Tasse, eine hohe Kochmütze, ebenfalls mit Namen, ferner Topflappen, Geschirrtücher, Tischdecken und Puppenservietten mit Töpfen, Terrinen und Tassen verziert. Und das Rezept: Man nehme 2 Küchentücher, 50 x 70 cm groß, eins groß kariert, eins klein kariert. Aus diesen erhält man die gesamte Ausrüstung für einen kleinen Koch.
Diese eifrigen Köche sind 3 Jahre alt.

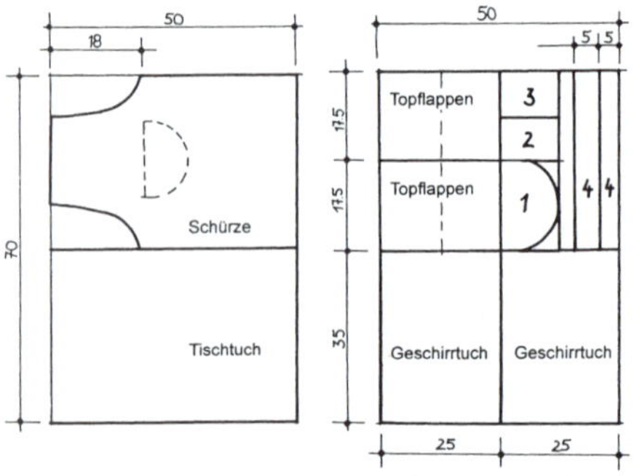

Aus 2 Geschirrtüchern lässt sich die gesamte Ausstattung eines kleinen Kochs nähen. 1 Schürzentasche, 2 + 3 Servietten, 4 Streifen für die Kochmütze

Disketten 1 und 7, Brother

Material:
- 2 Küchentücher 50 x 70 cm
- 5 m Nahtband 2 cm breit
- 52 x 60 cm Linon
- 17 x 50 cm Volumenvlies
- 17 x 50 cm Stoffrest
- Nähgarn
- Maschinenstickgarn

Arbeitsablauf:
▷ Zuschneiden
▷ Sticken
▷ Säumen

Schürze

1. Das groß karierte Geschirrtuch wird geteilt, eine Hälfte ergibt die Schürze, die andere ein Tischtuch. Eine Hälfte des klein karierten Tuchs ergibt zwei Geschirrtücher. Aus der anderen Hälfte entstehen die Schürzentasche, zwei Topflappen, zwei Puppenservietten und der Streifen für die Kochmütze.
2. Sticken Sie den Namen des Kochs 2 cm groß in Schreibschrift (von Diskette 1) in 6 cm Abstand zur oberen Kante der Schürze, die Motive Kaffeekanne (Nr. 22) und Tasse (Nr. 19) von
Diskette Nr. 7 auf die Schürzentasche.
3. Die Oberkante der Tasche säumen Sie mit Nahtband und nähen die Tasche auf die vorgesehene Stelle. Die eine Rockseite der Schürze muss gesäumt werden, an der anderen verwenden Sie den Handtuchsaum. Schneiden Sie 66 cm Nahtband zu, fassen Sie damit die linke Latzkante ein, das Ende bleibt zum Binden der Schürze. Für die rechte Latzkante nehmen Sie 110 cm Nahtband, schlagen 7 cm für den Verschluss um, und beginnen nach 36 cm die obere Seitenkante bis zur Taille einzufassen. Dann verbleiben dort 42 cm zum Binden.
4. Nähen Sie zum Enger- und Weiterstellen zwei Knopflöcher mit 5 cm Abstand in das eingeschlagene Nahtband und einen Knopf an die Oberkante links.

Tischdecke

1. Sticken Sie in zwei Ecken Kaffeekanne Nr. 19, in die anderen zwei Terrine Nr. 20.
2. Nun bügeln Sie die Schnittkante 1 cm breit um und steppen das Nahtband so unter die Saumkante, dass es 5 mm übersteht. Sticken Sie in füßchenbreitem Abstand von der Saumkante einen 9 mm breiten Zierstich.

Geschirrtücher

1. In die untere Mitte sticken Sie die Suppenschüssel Nr. 20.
2. Säumen Sie die Kanten und nähen einen Aufhänger in die obere Mitte.

Für die „Kaffeegäste" ein feines Tischtuch und kleine Servietten, für den heißen Griff einen Topflappen, der spätere Abwasch wird mit einem hübschen Geschirrtuch bewältigt.

Topflappen

1. Sticken Sie in die untere Hälfte der Vorderseite den großen Topf Nr. 21.
2. Schneiden Sie ein Stück Volumenvlies und einen Stoffrest 17 x 25 cm zu, legen Sie es auf den Oberstoff und steppen Sie die untere und die Seitenkante. Wenden Sie den Topflappen. Fassen Sie die obere Kante mit Nahtband ein und nähen Sie einen großen Aufhänger in die Mitte.

Servietten

Die kleinen Servietten besticken Sie in einer Ecke mit Kaffeetasse Nr. 22. Sie müssen auf Filmoplast geklebt werden, damit sie in den Rahmen eingespannt werden können. Rundum knapp gesäumt, sind sie schon fertig.

Kochmütze

1. Schneiden Sie aus Linon einen 50 cm großen Kreis und einen Streifen von 10 x 52 cm zu. Legen Sie den Rand in 2 cm breite Falten auf Kopfweite ca. 50 cm um. Durch Steppen wird der Rand zu einem Ring geschlossen. Bügeln Sie die Falten zur Kreismitte hin verlaufend.
2. Programmieren und sticken Sie den Namen des Kindes 5 cm oberhalb der Schnittkante über die eingebügelten Falten hinweg. Steppen Sie dann den Linonstreifen von links an den Kreis, schlagen Sie ihn zur rechten Stoffseite und steppen Sie die Kante.
3. Nun bügeln Sie die Kanten des Karostoffes nahtbreit um und steppen ihn mit eingeschlagenen Kanten über den Linonstreifen.

Jens
Insa
Jens
Insa

Babysachen

Babysachen nähen und mit den niedlichen Figuren aus den Häschengeschichten von Beatrix Potter besticken, bereitet große Freude. Nicht nur beim eigenen Kind freut man sich an den Objekten, es sind auch gern gesehene Geschenke zur Geburt. Da die vielen Stickmotive stufenlos verkleinert oder vergrößert

werden können, ist das Hasenmodell für alles passend. Der Name, in Blockschrift gestickt, sagt aus, wie der kleine Erdenbürger heißt. Was liegt fürs Baby bereit? Badetuch, Handtücher, Wolldecke, Set und Lätzchen, Bettzeug, Baumwollpullis, ein großer Beutel und das Mützchen für die Ausfahrt. Praktisch und schön ist die Tasche, die alle Utensilien zum Wickeln enthält, sogar eine Wickelunterlage.

Diskette Beatrix Potter, Bernina
Programmieren Sie den Namen mit Diskette B, Schrift Swiss Block.

Für alle Modelle benötigen Sie:
Avalon oder Soluweb, Stickvlies, Nähgarn, Maschinenstickgarn

Badetuch mit Kapuze

Material:
- 80 x 120 cm Frottier
- 35 x 35 cm Mischgewebe
- 3,20 m Schrägband

1. Schneiden Sie das Frottiertuch, ein Dreieck mit der Seitenlänge 38 cm, sowie ein Dreieck mit der Seitenlänge 35 cm aus Mischgewebe zu.
2. Steppen Sie die beiden Dreiecke rechts auf rechts an der Diagonalseite aneinander. Bügeln Sie die Naht aus und legen Sie die Stoffecken exakt übereinander, sodass eine Frottierkante von 2 cm übersteht. Der Mittelpunkt des Stickmotivs liegt 10 cm über der Mitte dieser Kante. Sticken Sie das Motiv durch beide Stofflagen mit untergelegtem Avalon oder Stickvlies. Setzen Sie eine Raupennaht (Zickzackstich, Stichlänge 0,3 mm, Stichbreite 2,5 mm) in füßchenbreitem Abstand zur diagonalen Kante.
3. Nun steppen Sie die Seiten der Kapuze in die vorgesehene Ecke, runden die Ecken und fassen das Badetuch mit Schrägband ein. Übersticken Sie die Schrägbandkante rundum mit der Raupennaht.

Handtücher

Auf den Handtüchern sagt die alte Frau Hase dem Peter bereits gute Nacht. Das große weiße Handtuch erhält das Motiv auf 200 % vergrößert, das kleine blaue auf 50 % verkleinert. Zum Besticken der Handtücher spannen Sie Avalon oder Soluweb über den Frottier und sticken das Motiv in die Mitte über den fest gewebten Streifen und den Namen mit Schriftgröße 16 mm in den Streifen hinein.

Auf das Vorderteil des Hemdchens ist Peter Hase in der vorprogrammierten Größe gestickt, auf dem Ärmel um 50% verkleinert. Nehmen Sie dazu den kleinsten Rahmen und unterlegen Sie das Hemdchen mit Avalon. Es kann – über den Freiarm gezogen – ohne Schwierigkeiten bestickt werden.

Wolldecke

Material:
- 90 x 90 cm Polarfleece
- 360 cm Wolltresse

Polarfleece ist ein wunderbarer Stoff für eine warme Decke. Die Decke mit abgerundeten Ecken ist 90 x 90 cm groß. Die Mäusemutti sitzt an der Wiege ihres Mäuschens, 20 cm vom oberen und 15 cm vom seitlichen Rand entfernt. Spannen Sie auch hier Avalon oder Soluweb mit ein. Eingefasst ist die Decke mit einer Wolltresse.

Bettzeug

Babys Bettbezug ist zuerst 80 x 80 cm groß, im Kinderbett dann 100 x 150 cm, das Kopfkissen 35 x 50 cm. Sticken Sie Herrn Kaninchen und seinen Sohn Benjamin mit Herrn McGregor's Hut auf dem Kopf, beide gespiegelt und auf 200% vergrößert, 28 cm von der oberen Bruchkante entfernt in die Mitte des Bezugs.
Auf dem kleinen Kopfkissen platzieren Sie das Häschen oben links in die Ecke. Schließen Sie die Bezüge mit Schleifen oder Knöpfen und Knopflochleiste.

Hemdchen, Pulli und Mütze

Ein schlichtes Hemd wirkt entzückend und sehr viel wertvoller mit den lustigen Motiven von Beatrix Potter. Die gekauften Hemdchen, Pullis und die Mütze aus Baumwolltrikot müssen zum Sticken mit Avalon oder Stickvlies eingespannt oder mit Filmoplast unterklebt werden. Häschen oder Mäuschen sind in der Mitte des Vorderteils 7 cm unter die Halskante in der programmierten Größe gestickt, auf die Ärmelmitte um 50 % kleiner. Auf die Trikotmütze ist das Häschen in seiner kleinsten Form von 52 % gestickt, der Name auf dem Mützenrand mit einer Schriftgröße von 10 mm.

Set und Lätzchen

- 28 x 62 cm Baumwollpiqué
- 3 m Schrägband

Praktisch und schön zugleich sind Set und Lätzchen mit Peter Hase und dem Namen des Babys verziert. Das Set ist 28 x 38 cm groß, das Lätzchen 28 x 24 cm, die Ecken sind mit Hilfe einer Tasse gerundet. Für den Halsausschnitt schneiden Sie eine Rundung 11 cm breit und 4 cm tief aus. Der feste Piqué braucht nicht unterlegt zu werden. Das Häschen besitzt die programmierte Größe, der Name eine Schrifthöhe von 12 mm. Auf dem Lätzchen ist das Motiv in die Mitte der unteren Hälfte, beim Set 9 cm von der oberen und der linken Kante entfernt, mit dem Namen darunter gestickt. Fassen Sie Set und Lätzchen mit einem Schrägband ein. Am Halsausschnitt des Lätzchens verlängern Sie das Schrägband um je 27 cm zum Binden. Übersticken Sie die Schrägbandkante mit einer Raupennaht.

Wickeltasche

Diese praktische Wickeltasche beherbergt alles, was das Baby unterwegs braucht. Zum Wickeln wird die Unterlage abgeknöpft, die Nylonseite auf den Wickeltisch gelegt, das Baby auf die Innenseite.

Material:
- 100 x 105 cm Baumwollpiqué
- 50 x 150 cm Nylonstoff
- 45 x 78 cm Volumenvlies 280
- 160 cm Tragegurt
- 5 m Schrägband
- 4 Knebelknöpfe
- 60 cm Gummiband 5 cm breit
- 32 cm Gummilitze 5 mm breit
- Stickvlies

Arbeitsablauf:
▷ Zuschneiden
▷ Sticken
▷ Zusammennähen
▷ Tragegurte aufsteppen
▷ Knebelknöpfe annähen

1. Schneiden Sie das Taschenteil 50 x 100 cm, zwei Seitenteile à 10 x 46 cm, eine 16 x 23 cm große Außentasche, zwei Innentaschen à 12 x 15 cm und die Wickelunterlage 45 x 75 cm aus Piqué nach dem Schnittmuster sowie aus dem Nylonstoff die Wickelunterlage 45 x 75 cm und ein 50 x 75 cm großes Tascheninnenfutter zu.
2. Auf dem Nylonstoff der Wickelunterlage liegt der Mittelpunkt der beiden Figuren 13 cm von der oberen Kante und 4 cm rechts und links der Seitenmitte entfernt. Unterlegen Sie die Stelle mit Stickvlies und sticken Sie links Motiv Nr. 9 und rechts Nr. 7, beide auf 200 % vergrößert.
3. Für die Wickelunterlage stecken Sie Piqué, Volumenvlies und Nylonstoff mit den rechten Stoffseiten nach außen aufeinander und runden Sie die Ecken. Nähen Sie 4 Gummibandschlaufen à 8 cm an die Oberkanten, 7 cm von der Seite entfernt. Fassen Sie die Kanten mit Schrägband ein.

Tasche:
1. Nachdem Sie die unteren Ecken der Aufsatztaschen gerundet haben, fassen Sie die Kanten mit Schrägband ein. Auf eine Innenseite der Tasche nähen Sie 26 cm von der oberen Kante entfernt ein 5 cm breites Gummiband in mehreren großen und kleinen Schlaufen mit senkrechten Stegen fest. Diese Taschenseite bekommt außen die große Aufsatztasche, 8 cm unterhalb der oberen Kante. Die gegenüberliegende Taschenseite erhält zwei kleine Innentaschen, 11 cm unterhalb der Saumkante.
2. Stecken Sie beide Stofflagen der Tasche mit den rechten Stoffseiten nach außen aufeinander und nähen Sie die Seitenteile ein.
3. Dann fassen Sie die Oberkante mit

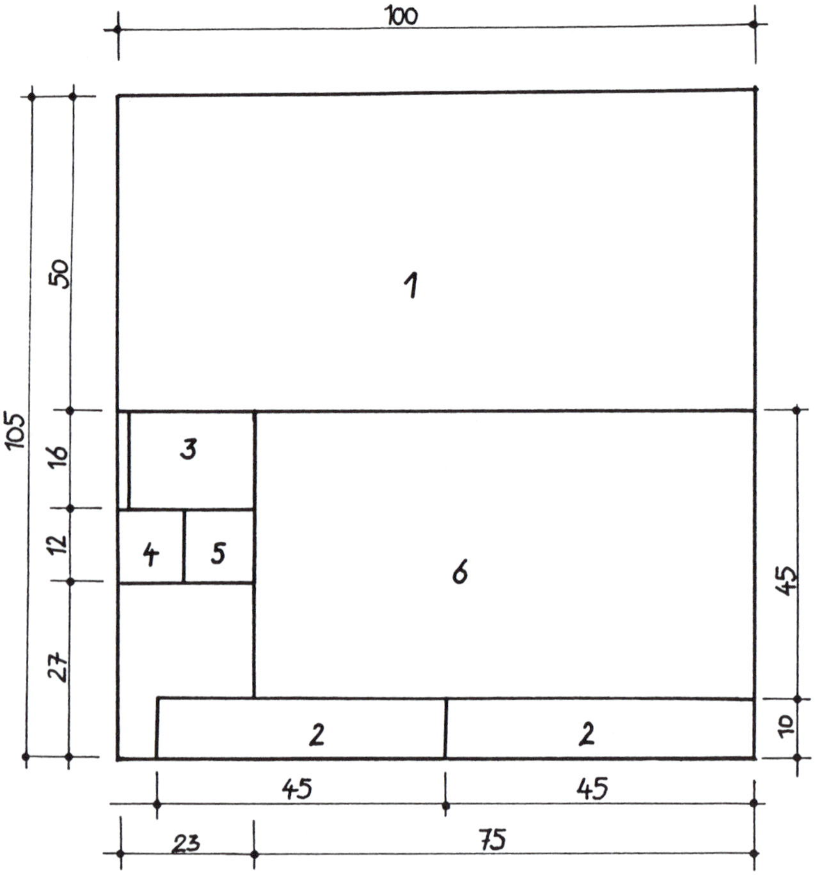

Der Schnitt der Wickeltasche besteht aus einem großen Taschenteil, 2 Seitenteilen und 3 Aufsatztaschen. Die Wickelunterlage wird einmal aus Piqué, einmal aus wasserdichtem Nylonstoff zugeschnitten. 1 Taschenbeutel, 2 Seitenteile, 3 Außentasche, 4–5 Innentaschen, 6 Wickelunterlage

Schrägband ein, teilen den Tragegurt in 2 x 80 cm und steppen ihn 14 cm von der Mitte entfernt an die Oberkante. Steppen Sie den 10 cm breiten Tascheneinschlag einmal 1,5 cm und ein zweites Mal 6 cm von der Oberkante entfernt rundum fest (sie steppen dabei auch durch die Tragegurte).

Die äußere Hülle der Wickeltasche ist eine Wickelunterlage, die von Knebelknöpfen gehalten wird. Im Inneren sind Fächer für Ölflasche, Shampoo, Creme und ausreichend Platz für Windeln und Strampelhöschen. Auch das Fläschchen hat eine Halterung, damit es nicht ausläuft.

Nähen Sie je einen Knebelknopf an die Oberkante 8 cm von der Seitennaht entfernt.

4. Nun brauchen Sie nur noch die Wickelunterlage an die Tasche zu knöpfen, fertig!

Beutel

Auf dem praktischen Beutel kommt die kleine Maus Hunka Munka mit Besen und Eimer, da sie frühmorgens immer das Puppenhaus ausfegt. Der runde Beutel aus wattierter Baumwolle wird auf der Vorderseite bestickt, durch einen Tunnelzug laufen zwei Seidenbänder, die zusammengezogen zum Transport über die Schulter genommen werden, so bleiben die Arme frei. Der Beutel hat einen Durchmesser von 22 cm, seine Höhe beträgt 40 cm.

Material:
- 40 x 90 cm wattierter Stoff
- 40 x 67 cm Innenstoff
- 160 cm Duchesseband 4 cm breit

Arbeitsablauf:
- ▷ Zuschneiden
- ▷ Stickerei markieren und sticken
- ▷ Knopflöcher für den Tunnelzug nähen
- ▷ Oberkante des Außenstoffs mit dem Innenstoff verstürzen
- ▷ Seitennaht schließen
- ▷ Seitenteile an den Boden nähen
- ▷ Tunnelzug steppen, Raupennaht sticken
- ▷ Duchessebänder teilen, durchziehen, die Enden aneinander nähen

1. Schneiden Sie 1 Seiten- und 1 Innenteil, je 40 x 67 cm sowie den Boden mit 24 cm Durchmesser zu.
2. Sticken Sie die kleine Maus auf das Seitenteil, 26 cm von der oberen und 15 cm von der seitlichen Kante entfernt.
3. Nähen Sie die 4 Knopflöcher 4,5 cm lang, je eins rechts und links der Seitenkante und der gegenüberliegenden Mitte, beginnen Sie 7 cm von der oberen Schnittkante entfernt.
4. Legen Sie das Seitenteil und das Innenteil rechts auf rechts und steppen Sie die Oberkante.
5. Schließen Sie die Seitennaht.
6. Bügeln Sie das Innenteil gegen den Außenstoff. Nähen Sie den Boden an das Seitenteil und fassen Sie dabei beide Stoffe.
7. Steppen Sie an Ober- und Unterkante der Knopflöcher je eine Naht für den Tunnelzug. Sticken Sie dann eine farbige Raupennaht 1,5 cm von der oberen Kante entfernt.
8. Ziehen Sie das Band durch den Tunnelzug, jeweils von einer Seite. Zum Schluss versäubern Sie die Enden.

Herr Kaninchen und sein Sohn Benjamin mit dem Hut von Herrn McGregors Vogelscheuche auf dem Kopf.

Set und Serviette

Die Farbe der Brombeere aus dem zauberhaften Porzellan wurde für ein passendes Leinenset gewählt. Ein mattes Taubenblau der Blüten, das Lindgrün der Blätter und ein mattes Beige des Korbes ergänzen den dezenten Farbklang. Das Monogramm unter dem Korb ist cremefarben wie auch das Schrägband. Auf die passende Serviette wird das Monogramm brombeerfarben mit einer kleinen blauen Blume darunter gestickt. Da noch viele Blumenmotive auf der Diskette zu finden sind, kann jedes Familienmitglied sein Monogramm mit seinem Lieblingsblumenmotiv kombinieren.

Diskette 23, Brother
Leinen Firma Opel

Material pro Set:
- 35 x 45 cm Leinen für die Vorderseite
- 35 x 45 cm Stoff für die Rückseite
- 160 cm Schrägband
- Maschinenstickgarn
- Nähgarn

Für die Serviette:
- 45 x 45 cm Baumwollleinen

Set

Unterlegen Sie das Set mit Stickvlies und sticken Sie den Blumenkorb Nr. 66 in die linke obere Ecke, 12 cm von der Oberkante und 10 cm von der Seitenkante entfernt. Der Mittelpunkt des Monogramms Nr. 39 von der gleichen Diskette liegt 4 cm unter der Korbkante.

Stecken Sie Vorder- und Rückseite aufeinander und runden Sie die Ecken mit Hilfe einer Untertasse. Fassen Sie die Kante mit Schrägband ein, erst von der Rückseite, dann von der Vorderseite. Denken Sie daran, dass Anfang und Ende des Schrägbandes schräg aneinandergenäht werden, damit der Ansatz unsichtbar bleibt. Übersticken Sie die Schrägbandkante mit einer Raupennaht im Zickzackstich (Stichlänge 0,3 mm, Stichbreite 2,5 mm).

Serviette

Säumen Sie die Serviette 1 cm breit. Sticken Sie in eine Ecke das Monogramm und darunter Blume Nr. 11. Der Mittelpunkt des Monogramms liegt 10 cm, der der Blume 8 cm diagonal über der Spitze.

Eine festliche Tafel zur Taufe

Eine Taufe soll zu Hause gefeiert werden. Solch große Ereignisse werfen Ihre Schatten voraus – beginnen wir mit den Vorbereitungen: Nach der kirchlichen Feier soll es ein festliches Essen geben, wozu ein großer Tisch und 12 Stühle, ferner ein Tafeltuch, das gute Porzellan, Besteck, Stoffservietten und Gläser benötigt werden. Ist nur ein kleinerer Tisch vorhanden, reicht auch eine Spanplatte von 80 x 300 cm Größe, die auf den Tisch und 2 zusätzliche Böcke gelegt wird. Das weiße Tafeltuch aus Leinen, mit einem blauen Rand eingefasst und mit dem großen Motiv der Ackerwinde bestickt, überdeckt alles. Über die Tischmitte läuft ein blauer Tischläufer, auf den das verkleinerte Blumenmotiv mit weißen Blüten gestickt ist. Die einfachen Holzklappstühle werden mit eleganten Houssen bezogen, in die an der Rückenlehne ein Wappenfeld mit dem Anfangsbuchstaben der Familie gestickt ist. Wappenfeld und Buchstabe kehren verkleinert auf den Servietten wieder, was ein sehr einheitliches Bild ergibt. Die ganze Tafel gedeckt für 12 Personen sehen Sie auf den Seiten 16/17.

Disketten „Deco“ und „Alphabets“, Bernina
Leinen Firma Opel
Piqué Firma Apart

Material:
- Nähgarn
- Maschinenstickgarn
- Textilkleber HT2

für Tischdecke und Läufer:
- 370 cm weißes Leinen 145 cm breit
- 200 cm blaues Leinen 145 cm breit

Arbeitsablauf:
▷ Zuschneiden
▷ Sticken
▷ Säumen
▷ Saumkante übersticken

Tischdecke

Die Tischdecke hat eine fertige Größe von 157 x 380 cm.
1. Für die blaue Einfassung benötigen Sie fünf Streifen, 16 cm breit und 2 m lang.
2. Markieren Sie die Mittelpunkte der Stickmotive. Im Abstand von 16 cm zur Schnittkante beginnen Sie von der Deckenmitte zu jeder Seite 1 x 25 cm, dann 2 x 50 cm abzumessen (Jeder Gast sitzt zwischen zwei Motiven, auf jeder Seite sitzen 5 Gäste). Auf den Längsseiten messen Sie ebenfalls: von der Deckenmitte zu jeder Seite 25 cm, da dort nur ein Gast sitzt. Dieses System können Sie auch auf andere Maße übertragen. Sticken Sie das Motiv Nr. 34 vergrößert auf 200 %.

3. Nähen Sie zweimal zwei blaue Streifen an den Stirnseiten aneinander. Nun steppen Sie jeweils einen Streifen an die Schnittkanten der Decke in der Mitte beginnend. Bügeln Sie die Nähte gut aus und beide Nahtzugaben zum blauen Rand. Bügeln Sie die Saumkante und die Enden jeweils im Winkel von 45 Grad, dann die Ecken nähen. Der überschüssige Stoff wird nach der Nahtzugabe abgeschnitten. Nun stecken oder fixieren Sie mit Textilkleber HT2 (Leinen dehnt sich beim feuchten Bügeln, daher muss der Saum gehalten werden) den Saum auf die Nahtkante und steppen knapp von rechts die Naht.
4. Auf den blauen Rand sticken Sie in füßchenbreitem Abstand von der weißen Kante rundum eine Raupennaht (Zickzackstich, Stichlänge 0,3 mm, Stichbreite 2,5 mm) in der Farbe der Blätter.

Tischläufer

Material:
- 60 cm Leinen 190 cm breit

Der Tischläufer wird in der Mitte des Tisches über die Tischdecke gelegt. An den Stirnflächen fällt er bis zur Saumkante der Tischdecke. An seiner Kante wiederholen sich die Blumenranken der Tischdecke in verkleinerter Form aber mit weißen Blumen. Seine fertige Größe beträgt 26 x 360 cm.
1. Schneiden Sie 2 Stücke 30 x 190 cm zu und versäubern Sie die Schnittkanten mit einem Overlockstich. Setzen Sie die Teile mit einer Mittelnaht zusammen.
2. Markieren Sie die Mittelpunkte des Stickmotivs 6 cm von der Schnittkante entfernt: in der Mitte beginnend, dann zu beiden Seiten sechsmal 25 cm, also 13 Blumenranken auf jeder Seite. Auf der Mitte der Stirnseiten befindet sich jeweils ein Blumenmotiv. Sticken Sie Motiv Nr. 34 in einer Größe von 100 %.
3. Säumen Sie die Seitenkanten 2 cm und die Stirnkanten 10 cm ohne Einschlag.
4. Sticken Sie eine Raupennaht 2 mm breit in Grün, 1 cm von den Seitenkanten und 2 cm von den Stirnkanten entfernt, auf die rechte Stoffseite.

Servietten

1. Eine Tafelserviette sollte nicht zu klein sein, deshalb schneiden Sie jeweils 65 x 65 cm Stoff zu.
2. Markieren Sie in der Diagonalen einer Ecke 12 cm von der Spitze entfernt den Mittelpunkt des Stickmotivs. Progammieren Sie von Diskette „Alphabets“ Stickmotiv Nr. 1 und dort hinein den passenden Buchstaben der Schrift „Zurich“ 13 mm groß (= 47 %). Wählen Sie die Farbe der Blätter zum Sticken des Wappenfeldes und die der Blumen für den Buchstaben und sticken Sie beides.
3. Säumen Sie die Serviette 3 cm breit, davon 1 cm Einschlag.

Houssen

Material:
- pro Stuhl 54 x 120 cm Piqué
- 110 cm Schrägband

Messen Sie an dem Klappstuhl die Breite der Stuhllehne plus die Hälfte der Holzstärke. Geben Sie 4 cm Spielraum dazu und bedenken Sie, dass Piqué einläuft. Für die Länge messen Sie von der Lehne zum Sitz, über den Sitz und 20 cm Überhang, dazu addieren Sie 28–30 cm für den Umschlag an der Stuhllehne. Bei unserem Modell ergibt sich eine Breite von 54 cm und eine Länge von 120 cm.

Ein ganz einfacher Klappstuhl wirkt durch eine Housse sehr elegant. Ein gerader Piquéstoffstreifen wird dazu mit dem umrahmten Anfangsbuchstaben des Familiennamens bestickt und über die Stuhllehne gestülpt. Für ein bequemes Sitzen kann ein Kissen zwischen Housse und Sitz gelegt werden.

Schneiden Sie die Houssen zu und versäubern Sie die Kanten. Markieren Sie den Mittelpunkt der Stickerei in der Houssenmitte 40 cm von der Oberkante entfernt. Programmieren Sie Wappenfeld Nr. 1 auf 200%ige Größe und den gewünschten Buchstaben der Schrift „Zurich“ auf 2 cm Höhe (70%) und sticken Sie beides auf die Housse. Mit den gleichen Farben der Tischdecke gestickt, ergibt sich ein einheitliches Bild. Fassen Sie Ober- und Unterkante mit Schrägband ein. Schlagen Sie nun das Oberteil 28 cm nach vorne und steppen die Nähte an beiden Seiten. Dann schlagen Sie die Nahtzugabe unterhalb der Kante ein und säumen die restlichen Seitenkanten.

Frühstücksdecke

Hellgrün und Weiß sind die vorherrschenden Farben dieses Frühstückstisches. Die hellgrüne Decke ist mit kleinen weißen Blättern bedruckt. Die einfarbigen Servietten erhalten ein gesticktes weißes Monogramm, ihre Saumkante eine weiße Raupennaht. Die Eierhütchen verziert ein kleiner Blumenstrauß weißer Margeriten. Diesen zauberhaft geschmückten Tisch herzustellen, ist nicht aufwändig, da nur die kleinen Teile bestickt werden.

Disketten 24 und 28
Dreifachgeradesich, Pfaff

Material:
- 230 cm Baumwollstoff 230 cm breit
- 54 x 54 cm Stoff pro Serviette
- Maschinenstickgarn
- Nähgarn
- Markierstift

Pro Eierhütchen:
- 23 x 25 cm Stoff
- 50 cm Band
- 23 x 12 cm Volumenvlies

Arbeitsablauf:
▷ Zuschneiden
▷ Sticken
▷ Zusammennähen

Tischdecke

Die Decke ist mit ihrem Durchmesser von 220 cm für einen großen runden Tisch genäht.
1. Um die Decke zuzuschneiden, legen Sie den Stoff auf ein Viertel zusammen, stecken eine Schnur in den Knick und ziehen einen Viertelkreis in 110 cm und einen zweiten in 115 cm Abstand für den Formstreifen mit einem Markierstift. Schneiden Sie beide Teile zu.
2. Versäubern Sie die Innenkante des Formstreifens, dann nähen Sie ihn an die Schnittkante und bügeln die Naht gut aus. Legen Sie den Formstreifen zur linken Seite. Die Saumkante bekommt drei Ziernähte. Erst übersteppen Sie sie, dann sticken Sie eine grüne Raupennaht füßchenbreit daneben und wiederum füßchenbreit eine grüne Naht mit dem Dreifachgeradstich Nr. 01. In 8 cm Abstand zur Saumkante sticken Sie eine zweite Raupennaht in Weiß.

Servietten

1. Markieren Sie den Mittelpunkt des Monogramms in der Diagonalen einer Ecke, 17 cm von der Spitze entfernt. Bearbeiten und versetzen Sie mit der Schrift „Point" die gewünschten Buchstaben im Speicher und sticken Sie diese auf die vorgesehene Stelle.
2. Säumen Sie die Serviette 4 cm breit, davon 1 cm Einschlag. Übersticken Sie die Saumkante mit einer Raupennaht.

Eierhütchen

Ein weiches Ei zum Frühstück wird gerne unter einem Hütchen warm gehalten. Diese sind auch eine Augenweide für jeden Frühstückstisch.
1. Schneiden Sie ein Stoffteil und ein Vliesteil zu.
2. Markieren Sie 5 cm oberhalb der unteren Schnittkante den Mittelpunkt des Blumenmotivs und sticken Sie es.
3. Stecken Sie das Volumenvlies auf die linke Stoffseite, schließen Sie die Seitennaht und schlagen Sie den Stoff als Futter nach innen. Nun bügeln Sie die beiden unteren Kanten je 1 cm nach innen und steppen sie von der rechten Stoffseite knapp zusammen. Binden Sie am oberen Ende ein dekoratives Schleifchen.

Das verzierte Monogramm lässt sich im Bearbeitungsprogramm der Nähmaschine versetzt speichern und bleibt immer abrufbar. Das kleine Blumenbouquet auf den Eierhütchen ist in Weiß gestickt.

Rote Blumendecke

Ein gemütliches Plätzchen im Schatten eines Baumes, dazu eine Tasse Kaffee, Zeitung und Pfeife sind das Richtige für den Feierabend.

Auf dem Tisch liegen eine bodenlange Unterdecke, darüber eine kleine runde Decke aus Streifenpiqué. Sie ist mit einem Blumenmotiv bestickt, das in der Deckenmitte eng aneinander gesetzt zum Kranz wird und den Deckenrand in größeren Abständen schmückt. Der Kranz wird von zwei eng beieinander gestickten Raupennähten eingerahmt. Am Rand sind die Raupennähte in größerem Abstand gestickt. Eingefasst ist die Decke mit einem Schrägband im Grün der Blätter, die Schrägbandkante ist im gleichen Farbton überstickt. Die grüne Serviette ist schmal gesäumt, die Saumkante rot überstickt. Eine grüne Raupennaht und das Monogramm in Schreibschrift im roten Garn der Blumen machen die Gestaltung komplett.

Disketten 1 und 28, Pfaff
Stoff Firma Apart

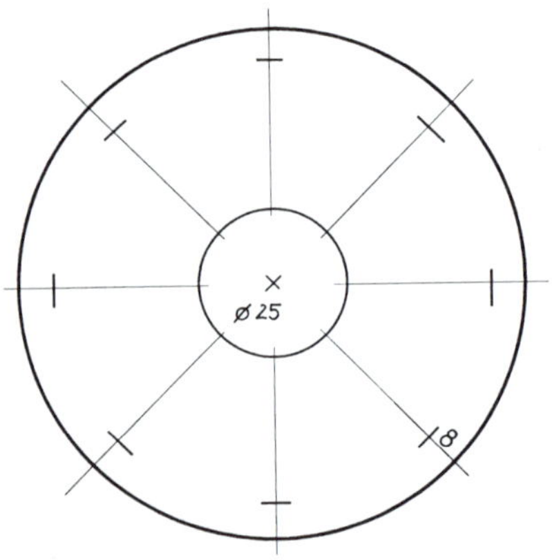

Die Zeichnung zeigt die Aufteilung der Motive. Sie bilden einen kleinen Kranz in der Deckenmitte und Einzelmotive an der Außenkante. Die gleiche Aufteilung können Sie auf größere Decken übertragen, indem Sie die Achsen verlängern.

Material:
- 84 x 84 cm Streifenpiqué
- 3 m Schrägband
- Maschinenstickgarn
- Nähgarn
- Bindfaden
- Markierstift

Pro Serviette:
- 50 x 50 cm Baumwollstoff

Arbeitsablauf:
▷ Zuschneiden
▷ Stickerei markieren
▷ Sticken
▷ Mit Schrägband einfassen
▷ Schrägbandkante übersticken

Tischdecke

Die fertige Decke hat einen Durchmesser von 84 cm.
1. Falten Sie den Stoff zum Viertel. Nun stecken Sie einen Bindfaden im Mittelpunkt fest und ziehen einen Viertelkreis in 42 cm Abstand. Schneiden Sie die Decke durch alle Stofflagen zu.
2. Zeichnen Sie vom Deckenmittelpunkt einen Kreis mit dem Radius 12,5 cm für den Mustermittelpunkt, und teilen Sie den Kreis in 8 gleichmäßige Abstände. Dazu falten Sie die Decke erst zur Hälfte, dann zum Viertel und zuletzt zu einem Achtel und bügeln die Kanten.
Ziehen Sie jeweils eine Gerade vom Mittelpunkt durch die Markierung am Innenkreis bis zur Außenkante. Das ist nötig, um die Mittelachsen zum geraden Einspannen in den Stickrahmen zu finden und die Blumen 8 cm von der Außenkante der Decke auf der gleichen Höhe mit den inneren Blumen zu platzieren.
Auf der Zeichnung sehen Sie die genaue Aufteilung.
3. Sticken Sie 8 Blumenmotive auf den Innenkreis und 8 weitere auf die Randpunkte.
Ziehen Sie unter die Blumenmotive im Zentrum mit 1 cm Abstand einen Kreis und übersticken Sie ihn mit einer Raupennaht. Setzen Sie füßchenbreit nach außen eine zweite daneben.
4. Fassen Sie die Schnittkante mit Schrägband ein, erst von der linken Stoffseite, dann von rechts.

In der Deckenmitte ist das Blumenmotiv zu einem Kreis zusammengesetzt. Dafür ist es achtmal eng aneinander gestickt.

5. Übersticken Sie die Schrägbandkante mit der gleichen Raupennaht und fügen Sie in füßchenbreitem Abstand zwei weitere hinzu.

Servietten

Arbeitsablauf:
▷ Zuschneiden
▷ Monogramm markieren und sticken
▷ Säumen
▷ Saumkante übersticken und parallele Raupennaht arbeiten

1. Schneiden Sie die Servietten fadengerade zu.
2. Markieren Sie in der Diagonalen 11 cm von der Ecke den Mittelpunkt des Monogramms. Nun programmieren Sie im Speicher der Maschine das versetzte Monogramm und sticken es auf jede Serviette.
3. Säumen Sie die Serviette 2 cm breit, davon 1 cm Einschlag. Übersticken Sie die Saumkante von rechts mit einer Raupennaht in der Farbe der Blumen und setzen Sie eine zweite Raupennaht füßchenbreit in der Farbe der Blätter daneben.
(Raupennaht: Zickzackstich, Stichlänge 0,3 mm, Stichbreite 2,5 mm)

AB

Ranken-
musterdecke

Elegant wirkt diese Decke, deren Rankenmotiv mal nach rechts, mal nach links gewunden ist und dadurch abwechslungsreich den Deckenrand betont. In den Ecken treffen sich die Ranken und bilden fast einen Kreis, in der Seitenmitte stoßen sie zu einem Bogen aneinander. Die drei Farben der Ranke werden als Raupennähte am Deckensaum wiederholt, so wird ein einheitlicher Abschluss erzielt. Die Decke muss hierbei unterschiedlich eingespannt werden, da sich das Muster nur rechts/links spiegeln lässt. Doch mit etwas Übung entsteht die zauberhafte Ranke.

Diskette 28, Pfaff
Stoff Firma Apart

Material:
• 126 x 126 cm Streifenpiqué
• Maschinenstickgarn

Arbeitsablauf:
▷ Zuschneiden
▷ Kanten versäubern
▷ Stickerei markieren
▷ Sticken
▷ Säumen
▷ Raupennähte sticken

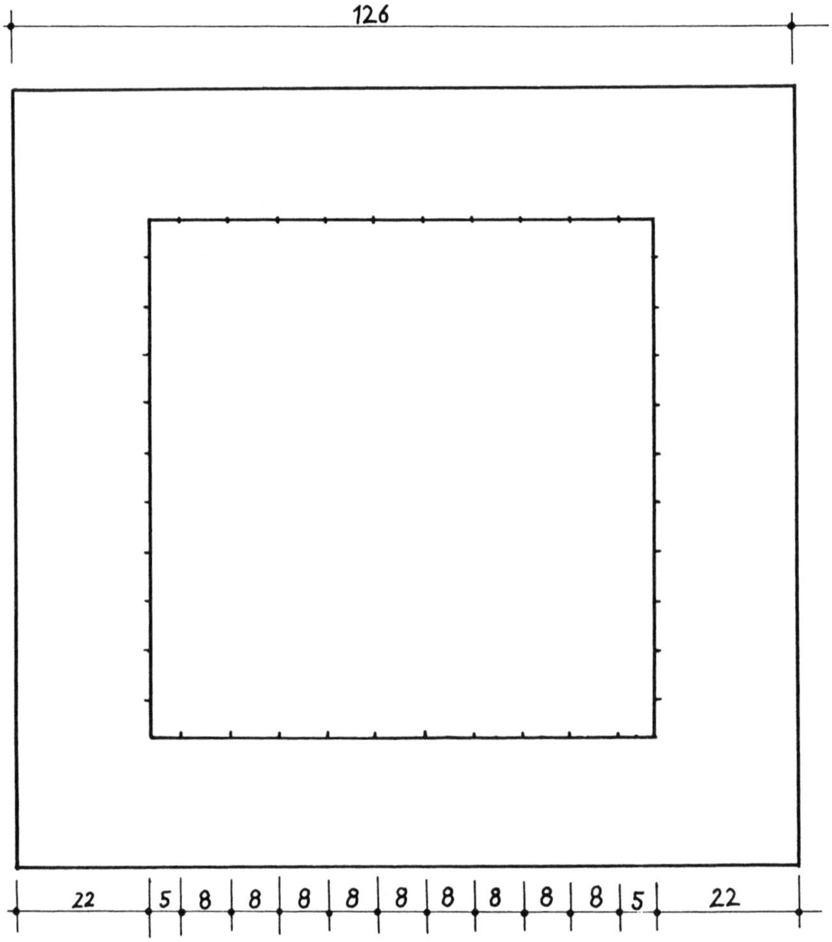

Anhand der Zeichnung sehen Sie, wo der Mustermittelpunkt auf der gezogenen Linie markiert wird. Jeweils in den Ecken beginnend zeichnen Sie erst 5 cm, dann viermal 8 cm für den Mustermittelpunkt ein.

An den Ecken bildet die Blumenranke fast einen Kreis, wenn sie einmal gespiegelt gestickt wird.

Die Decke hat eine fertige Größe von 114 x 114 cm.

1. Schneiden Sie die Decke fadengerade zu.

2. Versäubern Sie die Schnittkanten mit einem Overlockstich.

3. Zeichnen Sie an jeder Seite eine Linie in 22 cm Abstand zur Schnittkante. Markieren Sie auf jeder Seite die Mustermittelpunkte jeweils in der Ecke beginnend erst 5 cm, dann viermal 8 cm zur Seitenmitte hin.

4. Da sich das Muster nur rechts/links spiegeln lässt, ist das Einspannen etwas schwierig: Sticken Sie zuerst Muster 2 und 4 wie programmiert, dann, von der anderen Seite her eingespannt, Muster 1, 3 und 5.
In der anderen Ecke ist die Reihenfolge umgekehrt. Die neue Ranke setzt jeweils in der Gabelung der vorigen ein. Achten Sie darauf, dass der Rankenbogen abwechselnd nach rechts und links läuft.

5. Nähen Sie einfache Ecken.
Der 6 cm breite Saum liegt ohne Einschlag auf der Rückseite.

6. Sticken Sie drei Raupennähte in den Farben der Ranke im Abstand 4, 4,4 und 4,8 cm von der Außenkante durch beide Stofflagen.

Beerenmuster-decke

Zu einem gemütlichen Plausch mit einem guten Glas Rotwein gehört eine besondere Tischdecke.
Ein Zweig mit blauen Beeren windet sich in der Mitte einer Piquédecke zu einem Kranz, am Deckenrand ist er als Einzelmuster gestickt. Das Dunkelblau der Beeren wird von dem Schrägband, mit dem die Schnittkante eingefasst ist, wiederholt.
Ein zweites Schrägband in der Farbe der Blätter ist glatt aufgenäht, die Kanten sind mit einer Raupennaht im Zickzackstich überstickt.
Das Zentrum der Decke schmückt das Monogramm der Hausfrau. Passende Servietten werden mit Schrägband eingefasst und deren Kanten überstickt. Das verkleinerte Beerenmotiv findet sich in einer Ecke wieder.

Diskette 4 und 13, Pfaff

Material:
- 150 cm Baumwollstoff 150 cm breit
- 5 m Schrägband blau
- 5 m Schrägband grün
- Markierstift
- Maschinenstickgarn
- Stickvlies

Pro Serviette:
- 40 x 40 cm Baumwollstoff
- 160 cm Schrägband blau

Arbeitsablauf:
▷ Decke zuschneiden
▷ Stickerei markieren
▷ Sticken
▷ Mit Schrägband säumen
▷ Kanten übersticken

Die fertige Deckengröße beträgt 150 cm im Durchmesser.
1. Legen Sie den Stoff auf ein Viertel, dann stecken Sie eine Schnur oder ein Maßband in die gefaltete Ecke und ziehen mit dem Markierstift einen Viertelkreis mit 75 cm Radius. Schneiden Sie die Decke durch alle vier Stofflagen zu.
2. Nun markieren Sie den Mittelpunkt der Decke und ziehen von dort einen Kreis mit dem Radius 11,5 cm. Falten Sie die Decke erst zum Viertel, dann zu einem Achtel und bügeln Sie die Kanten. Zeichnen Sie die Bügelkanten nach. Der Mustermittelpunkt liegt auf dem Schnittpunkt mit dem Kreis. Für die Muster am Deckenrand zeichnen Sie 58 cm vom Mittelpunkt entfernt 12 gleichmäßige Abstände ein, indem Sie das Viertel der Decke in 3 Teile teilen.
3. Unterlegen Sie den Kreis mit Stickvlies und sticken Sie das Motiv in der Größe 1,1 x 8,7 cm (einmal vergrößert). Die acht Muster bilden einen geschlossenen Kreis. Sticken Sie dann das zentrale Monogramm und die 12 Außenmuster.
4. Fassen Sie die Außenkante mit blauem Schrägband ein. Beginnen Sie auf der linken Stoffseite in nahtbreitem Abstand zur Kante und schlagen Sie den aufgebügelten Streifen zur rechten Stoffseite. Nun steppen Sie das grüne Schrägband eingeschlagen auf das blaue im Abstand der Nahtzugabe und die andere Kante mit eingeschlagener Nahtzugabe fest.
5. Übersticken Sie die Nahtbandkanten mit je einer Raupennaht in Grün und Beige.

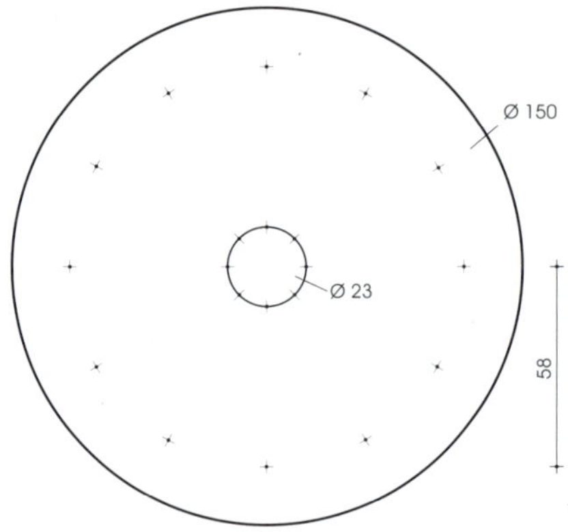

Die Zeichnung zeigt die markierten Mittelpunkte des Beerenmotivs.

Servietten

1. Schneiden Sie die Servietten fadengerade zu.
2. Der Mittelpunkt des Beerenmotivs liegt in der Diagonalen 12 cm von der Ecke entfernt.
3. Sticken Sie das Motiv in verkleinerter Form 69 x 90 mm.
4. Runden Sie die Ecken mittels einer Untertasse ab, und fassen Sie die Kanten mit blauem Schrägband ein.
5. Übersticken Sie die Schrägbandkante mit einer Raupennaht in Grün. (Raupennaht: Zickzackstich, Stichlänge 0,3 mm, Stichbreite 2,5 mm)

Das Beerenmotiv in Blau hat einen ganz besonderen Reiz. Es ist in drei Größen programmiert. Die Servietten sind mit der kleinsten bestickt.

Vin du Pays des Letrinon
dry red wine
1996
Domaine
Mercouri
22839

Leinendecke mit Blumenkranz

Handgewebtes altes Leinen und ein Blumenkranz aus rotorangen Rosen und taubenblauen Blüten in matten Farben gestickt, sind ein Traum für jeden schön gedeckten Tisch. Alte Fayence und schöne Weingläser passen besonders gut dazu. Ein großer Blütenkranz betont das Zentrum der Decke, in den Ecken steht ein Korb, aus dem die Blumen herausschauen. Der Saum ist mit einem Festonbogen betont. Als Stickgarn diente hier ein Landhausgarn, welches betont matt ist. Für die Servietten wird ein altes Leinenbetttuch in der Waschmaschine mattblau eingefärbt und aufgeteilt. Die schmale Saumkante ist mit einer Raupennaht überstickt.

Diskette 1 und 23, Brother

Material:
- 180 cm kräftiges Leinen 180 cm breit
- Markierstift
- Landhausgarn, matt
- Nähgarn

Die selbst gefärbte Serviette ist mit einem Buchstaben bestickt, der schmale Saum mit einer Raupennaht verziert.

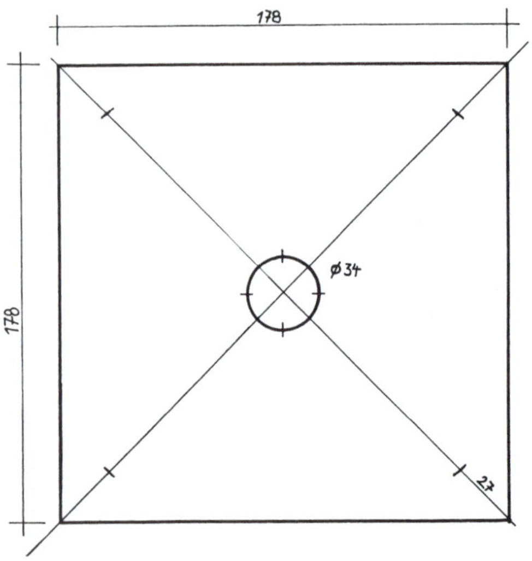

Um den Mustermittelpunkt zu erhalten, ziehen Sie vom Deckenmittelpunkt einen Kreis mit dem Radius 17 cm und teilen diesen Kreis in acht gleiche Teile. In jeder Ecke ist der Mustermittelpunkt jeweils 27 cm von der Spitze entfernt in der Diagonalen.

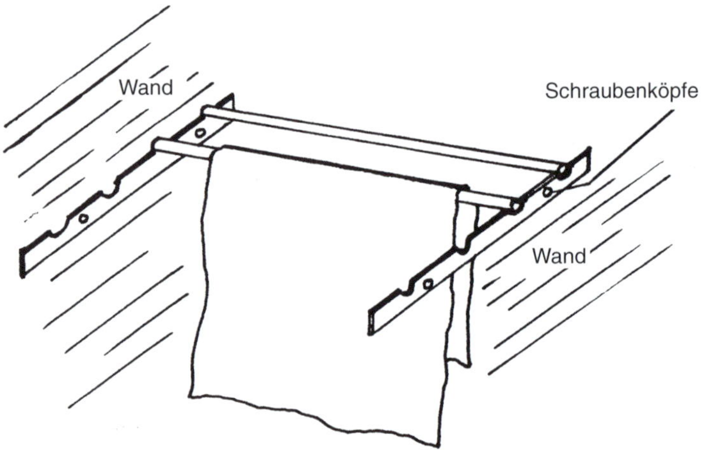

Wäschestangen zwischen zwei Wänden

Arbeitsablauf:
▷ Zuschneiden
▷ Stickerei markieren
▷ Sticken
▷ Säumen

Die Decke hat eine fertige Größe von 178 x 178 cm.
1. Schneiden Sie die Decke fadengerade zu.
2. Markieren Sie den Mittelpunkt, indem Sie Länge und Breite jeweils zur Hälfte legen. Mit Hilfe eines Bindfadens ziehen Sie einen Kreis mit 17 cm Radius. Teilen Sie den Kreis in 8 gleiche Teile. Falten Sie dazu die Decke erst zum Viertel, dann zu einem Achtel und bügeln Sie die Kanten. Zeichnen Sie die Bügelkanten nach, die Mustermittelpunkte liegen auf den Schnittpunkten der Achsen mit dem gezogenen Kreis. In den Ecken der Decke legen Sie den Mittelpunkt des Blumenkorbmusters auf der Diagonalen 27 cm von der Spitze entfernt fest.
3. Sticken Sie das Blumenmotiv Nr. 67 achtmal in den Kreis. Dann wählen Sie das Korbmuster Nr. 66 und sticken es in die vorgesehenen Eckpunkte.

Ein praktischer Tipp: Neues Leinen läuft in der Wäsche etwa 5 % ein. Seine Pflege ist einfacher als allgemein gedacht, wenn es in der Waschmaschine nicht geschleudert, sondern tropfnass glatt aufgehängt wird. Um ein Durchhängen und Verknicken zu vermeiden, ist es viel praktischer, runde Stangen (Besenstiele oder Gardinenstangen) in einem kleinen Raum von einer Seite zur anderen zu legen und das Leinen glatt darüber hängend zu trocknen. Schrauben Sie dazu je ein Holzbrett mit ausgesparten Halbkreisen in Stangendicke an zwei gegenüber liegende Wände. Dann legen Sie die Stangen ein. Frei beweglich haben sie den Vorteil, dass man die Wäscheteile über die sich drehenden Stangen ziehen kann. Außerdem kann die gebügelte, zusammengelegte Decke dort nachtrocknen. Können Sie nicht in die Wände dübeln, funktionieren auch nicht zu lange Duschvorhangklemmstangen, die Sie zwischen die Wände pressen.

4. Säumen Sie die Decke mit einem schmalen Saum.
5. Betonen Sie die Saumkante mit einem Festonbogen fünfmal vergrößert in 3 cm Abstand zur Kante, runden Sie die Ecken dabei.

Servietten

1. Färben Sie ein Stück Leinen oder Baumwollleinen mit Textilfarben in der Waschmaschine. Schneiden Sie pro Serviette 58 x 58 cm zu.
2. Nach französischem Vorbild markieren Sie die Buchstabenmitte 5 cm oberhalb der Serviettenmitte und sticken den Anfangsbuchstaben des Familiennamens in Frakturschrift.

Die Farbwahl ist bei einem Motiv sehr entscheidend, hier sehen Sie das gleiche Motiv in vier Varianten und ihre unterschiedliche Wirkung: Das warme Orange der Blumen passt zu alten Möbeln, ein helleres Orange macht einen zarteren Eindruck. Fuchsienrot sehen die Blüten kühler aus und dunkelrosa wirken sie fast distanziert.

Tischläufer

Eine außergewöhnliche Dekoration für eine lange Tafel zaubern Sie mit Tischläufern, die Sie quer über den Tisch legen. So speisen jeweils zwei sich gegenüber sitzende Gäste an einem Tischläufer. Dazu liegen auf einer weißen Piquédecke ein brauner Organzaläufer, dessen Enden zu Spitzen genäht sind und darüber, etwas schmaler, ein hellblauer Läufer. Das Schönste darauf ist die Stickerei: ein Wappenfeld auf dem braunen Läufer, eine Blätterranke mit dem Anfangsbuchstaben des Familiennamens auf dem blauen.

Disketten 1, 43 und Maximuster, Pfaff
Stoff der weißen Unterdecke, Firma Apart

Material:
Das genaue Maß richtet sich hier nach dem Tisch. Eine große weiße Unterdecke sollte an jeder Seite mindestens 50 cm herunter hängen oder bodenlang sein.

Pro Tischläufer:
- 1 x die Tischbreite + 70 cm brauner Organza, 60 cm breit
- 1 x die Tischbreite + 40 cm blauer Organza, 50 cm breit
- Nähgarn
- Maschinenstickgarn
- Avalon oder Soluweb
- Markierstift

Arbeitsablauf:
▷ Unterdecke zuschneiden und nähen
▷ Organza zuschneiden
▷ Säumen
▷ Stickerei markieren
▷ Sticken

1. Arbeiten Sie die Unterdecke.
2. Schneiden Sie die Tischläufer zu.
3. Säumen Sie den braunen Organza seitlich jeweils 2 cm breit mit 1 cm Einschlag. Damit eine Spitze entsteht, steppen Sie die untere Saumkante zur Hälfte rechts auf rechts zusammen. Wenden und bügeln Sie die Stoffspitze, nähen Sie die Quernaht und übersticken Sie sie mit einer Raupennaht. (Zickzackstich mit Stichlänge 0,3 mm, Stichbreite 2,5 mm). Den blauen Organza säumen Sie seitlich auf 44 cm Breite und an den Enden 4 cm breit, davon 1 cm Einschlag und übersticken die Saumkanten mit einer Raupennaht.
4. Markieren Sie den Mittelpunkt des Wappens 20 cm über der Spitze des braunen Tischläufers, außerdem auf dem blauen Läufer eine Sticklinie 8 cm von der Saumkante entfernt. Bestimmen Sie darauf den Mittelpunkt.
5. Sticken Sie das Wappen jeweils an die Enden des braunen Tischläufers. In die Mitte der Sticklinie des blauen Läufers setzen Sie den Anfangsbuchstaben Ihres Namens sowie rechts und links fünfmal das Maximuster Nr. 208.

Auf den Disketten finden sich viele Wappen, aus denen Sie ein passendes auswählen können.

B

Badezimmer

Stilvoll ist dieses Badezimmer eingerichtet. Passend sind die Handtücher mit zauberhaften Buchstaben bestickt. Ob Badelaken, Handtücher oder Waschlappen, alles kann dekorativ gestaltet werden und jedes Familienmitglied bekommt den Anfangsbuchstaben seines Namens aufgestickt. Die Materialien bereiten keine Schwierigkeiten, denn für Frottier, Leinen oder Waffelpiqué gibt es Hilfsmittel, damit die Stickerei gut gelingt. Ein Beutel für viele Utensilien oder die Lockenwickler steht vor der Badewanne. Er ist aus Baumwollpiqué mit einem „Köpfchen" aus rosa/weiß gestreiftem Baumwollstoff hergestellt, mit einer Satinschleife gebunden und außerdem mit einem Monogramm in einem ovalen Kranz geschmückt.

Diskette Nr. 1, 2 und Standardrepertoire, Brother

Material:
- Leinentuch
- Frottierhandtuch
- Waschlappen
- Maschinenstickgarn

Für den Beutel:
- 26 x 91 cm Piqué
- 50 x 68 cm Baumwollstoff
- 1 m Satinband 3,5 cm breit
- 40 cm Wäscheband 5 mm breit
- Avalon oder Soluweb
- Stickvlies

Handtücher und Waschlappen

Der große Buchstabe ziert das Handtuch in der unteren Hälfte, 22 bis 25 cm über der unteren Kante entfernt. Weiches Material unterlegen Sie vor dem Einspannen in den Stickrahmen mit Stickvlies, die Frottieroberfläche überspannen Sie mit Avalon oder Soluweb, damit die Schlaufen zurückgehalten werden. Bei dickem Frottier spannen Sie Stickvlies in den Rahmen. Die entsprechende Stelle des Handtuchs mit Avalon stecken Sie mit Stecknadeln auf das Stickvlies. Kräftiges Leinen oder Waffelpiqué können Sie ohne Hilfsmittel besticken.

Fertige Waschhandschuhe müssen zum Besticken seitlich aufgetrennt werden. Nach dem Sticken wird die Naht wieder geschlossen. Nähen Sie ihn selbst, müssen Sie erst sticken, dann die Nähte schließen und säumen.

Die großen Waschlappen an der Kachelwand erhalten Sie, indem Sie ein Handtuch (52 x 76 cm) aus Waffelpiqué in vier Stücke teilen, auf der Vorderseite besticken, in die Seitennaht einen Aufhänger einnähen und die Oberkante säumen.

Beutel

Arbeitsablauf:
- ▷ Zuschneiden
- ▷ Stickerei markieren, programmieren und Sticken
- ▷ Oberkante arbeiten
- ▷ Schlaufen annähen

1. Schneiden Sie einen Boden mit einem Durchmesser von 23 cm und ein 26 x 68 cm großes Seitenteil aus Piqué zu.
2. Markieren Sie den Mittelpunkt des Kranzes 10 cm über der Unterkante in der Mitte des Seitenteils. Programmieren Sie den Kranz von Diskette 2 und ein Monogramm von Diskette 1 in seine Mitte. Sticken Sie die Kombination auf die vordere Mitte des Beutelseitenteils.
3. Steppen Sie den Baumwollstoff an die Oberkante des Seitenteils. Nun schließen Sie die Seitennaht, bügeln den Baumwollstoff zur Unterkante des Piqué und nähen beides an den Boden.
4. Dann schneiden Sie das Wäscheband in 5 Teile, und nähen es zu Schlaufen gelegt gleichmäßig verteilt 2 cm oberhalb der Ansatzkante an. Ziehen Sie das Satinband durch und binden Sie es zu einer Schleife.

Zum Besticken eines Frottiertuchs spannen Sie Stickvlies in einen Stickrahmen, stecken das Frottiertuch auf dem Stickvlies ganz an der Rahmenkante mit Stecknadeln fest, sodass es nicht mehr verrutschen kann und legen Avalon oder Soluweb darauf, um ein einheitliches Stickbild zu erhalten.
Die überschüssigen Reste der Hilfsmittel ziehen Sie nach dem Sticken ab.

Winterabend

Für einen gemütlichen Winterabend liegt alles bereit: Großmutter hat ein weiches Kissen, eine warme Decke und ein Buch mit Buchhülle zum Vorlesen. Alles ist geschmückt mit folkloristischen Mustern: Bäume, springende Hirsche und ein Jägersmann. Das Enkelkind sitzt auf dem kleinen mit Stoff bezogenen Fußbänkchen, trägt einen warmen Janker und mollige Hüttenschuhe. Für Spaziergänge gibt es einen warmen Schal. Da kann der Winter ruhig kalt sein! Das Enkelkind hat sich ein farbenfrohes Motiv ausgesucht, das Vögel, Bauernhaus, Apfelbaum und ein Vogelhäuschen zeigt. Dieses Muster kann in voller Länge, aber auch in zwei Teilen gestickt werden, wie zum Beispiel auf dem Bezug des Fußbänkchens oder den Hüttenschuhen. Beide Muster werden im „Bigrahmen“ gestickt.

Disketten 1, 49 und 53 und Muster 164, Pfaff

Material:
- Polarfleece
- Gewalkter Wollstoff
- Wolltresse
- Nähgarn
- Maschinenstickgarn
- Stickvlies
- Avalon oder Soluweb
- Markierstift

Arbeitsablauf:
▷ Zuschneiden
▷ Stickerei markieren und sticken
▷ Zusammennähen

Decke

Die Decke aus Polarfleece ist 115 x 170 cm groß. Ihre Kanten sind mit Tresse eingefasst. Das ausgewählte Motiv Nr. 4 von Diskette 53 ist in die linke obere Ecke, 17 cm von der Seite

Großmutter hat sich Muster Nr. 4 von Diskette 53 ausgesucht, das im „Bigrahmen“ gestickt wird.

und 24 cm von der Oberkante entfernt, gestickt. Spannen Sie außerdem Avalon oder Soluweb mit in den Rahmen, da Polarfleece sehr weich ist und sich leicht verzieht.

Kissenhülle

Die Hülle ist für ein 40 x 40 cm großes Kissen mit einem Hotelverschluss genäht.

Die Kindersachen sind mit Muster Nr. 8 von Diskette 49 bestickt. Das Muster benötigt den „Bigrahmen“.

1. Für die Kissenhülle 100 x 42 cm aus Polarfleece zuschneiden.
2. Der Mittelpunkt der Stickerei liegt 45 cm von der oberen und 11 cm von der Seitenkante entfernt. Sticken Sie das Motiv.
3. Säumen Sie die hintere Kante. Legen Sie die Kissenhülle rechts auf rechts zusammen mit 20 cm Einschlag für den Hotelverschluss und steppen Sie die Seitennähte. Nach dem Wenden können Sie schon das Inlett einziehen.

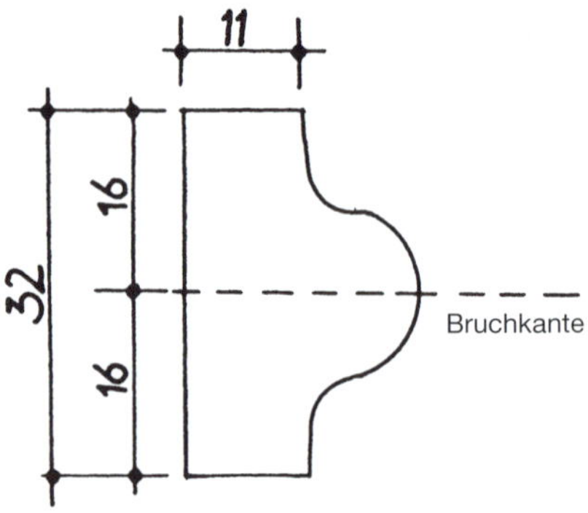

Schneiden Sie den Schuh zu, achten Sie auf einen weiten Schaft, damit er bequem an- und auszuziehen ist. Diese Schnittmaße sind für Schuhgröße 28 angegeben.

Hüttenschuhe

1. Für die Hüttenschuhe kaufen Sie fertige Sohlen in der passenden Größe. Den Fußteil schneiden Sie nach einem dicken Socken zu, die Fußsohle liegt im Stoffbruch. Bedenken Sie, dass der Schaft nicht zu eng sein darf, damit der Schuh bequem angezogen werden kann.
2. Sticken Sie jeweils ein halbes Muster auf den Schuhschaft außen.
3. Schließen Sie die obere Naht und fassen Sie die Oberkante mit Tresse ein. Die hintere Naht schließen Sie von Hand als Stoßnaht und überdecken sie mit der Tresse, die an der Oberkante als Schlaufe ausläuft. Nähen Sie die Schuhsohlen mit einem kräftigen Faden an das Oberteil.

Buchhülle

1. Addieren Sie zur Buchhöhe an jeder Seite 4 cm, zu Vorderseite, Rücken und Rückseite 8 cm für einen Einschlag. Schneiden Sie die Hülle zu.
2. Sticken Sie das Motiv 12 cm von der vorderen Schnittkante entfernt auf die Frontseite.
3. Schlagen Sie die Seitenkanten je 8 cm rechts auf rechts zurück und steppen Sie 4 cm von der Schnittkante entfernt eine Naht. Wenden Sie die Hülle und beziehen Sie das Buch.

Brillenhülle

Ihre Brillenhülle hat Großmutter mal wieder verlegt. Deshalb nähen Sie eine neue aus einem Stück Polarfleece 20 x 20 cm groß. Auf einer Seite besticken Sie sie, dann steppen Sie die Kanten links auf links knapp aufeinander und säumen sie mit Tresse. An der Oberkante lassen Sie die Tresse nach dem Säumen in einer Schlaufe auslaufen, damit die Hülle aufgehängt werden kann.

Fußbankbezug

1. Schneiden Sie den Bezug der Fußbank nach deren Maßen zu.
2. Sticken Sie das Muster in zwei Teilen in die Mitte: links die ersten zwei Motive, rechts die restlichen. Zwischen beide Motive schreiben Sie den Namen des Kindes in Schreibschrift, vorher im Speicher programmiert. Sticken Sie das Herzmotiv Nr. 164 aus dem 9-mm-Programm als Rahmen drumherum.
3. Fassen Sie die Kanten mit Tresse ein und beziehen Sie nun die Fußbank.

Janker

1. Den Schnitt des Jankers nehmen Sie am besten von einem passenden Sweatshirt ab. Teilen Sie das Vorderteil und runden Sie die Ecken leicht ab. Schneiden Sie zusätzlich ein Teil 13 x 22 cm für die Taschen zu.
2. Sticken Sie das gesamte Muster in die Rückenmitte mit dem Mustermittelpunkt 10 cm von der Halskante entfernt. Unterlegen Sie den Stoff mit Avalon, da er sich leicht verzieht. Für die Taschen spannen Sie das Stoffstück ein und sticken den 2. Teil des Musters auf.
3. Nach dem Sticken teilen Sie den Stoff in 2 Teile à 11 x 13 cm für die Taschen und runden die unteren Kanten. Fassen Sie die Taschen und die untere Ärmelkante mit Tresse ein und nähen Sie die Taschen auf die Vorderseiten. Schließen Sie die Schulternähte und steppen Sie einen Geradstich als Ziernaht knapp daneben. Setzen Sie die Ärmel ein und steppen Sie auch hier eine knappe Ziernaht. Nun schließen Sie die Ärmel-Seitennaht und fassen anschließend die Jacke rundum mit Tresse ein. Die Aufschläge werden durch zwei Knöpfe zurückgehalten, vier Knöpfe mit zwei kleinen Ketten bilden den Verschluss.

Schal

1. Den Schal schneiden Sie aus Polarfleece: für einen Erwachsenen 30 cm in der vollen Stoffbreite von 150 cm, für Kinder genügt die Hälfte: 15 cm breit und 75 cm lang.
2. Sticken Sie das gewünschte Muster an ein Ende, für einen Erwachsenen ein halbes noch einmal daneben. Vergessen Sie dabei das Avalon nicht!
3. Polarfleece braucht nicht gesäumt zu werden, deshalb können Sie einfach 6 bzw. 5 cm lange und 1 cm breite Fransen in die Stoffenden schneiden.

Eichenlaub im Winter

Eichenblätter sind ein beliebtes Motiv, das in Grüntönen klassisch gestickt werden kann. In winterlichem Weiß und Braun mit glitzernden Metallfäden gearbeitet, schimmern sie festlich.
Dazu passen Gläser mit einem krustigen Rand und rustikales Geschirr. Auf der cremefarbenen Decke ist das Eichenmuster zu einem Mittelkreis

Das geschwungene Motiv lässt sich für die Deckenmitte zu einem Kranz zusammensetzen.

zusammengesetzt, die Ecken sind mit je einem Einzelmotiv betont. Eine braune Raupennaht läuft über die Saumkante und bildet einen Rahmen. Auf den passenden Servietten wiederholt sich die Raupennaht über der Saumkante, das Eichenmotiv ist jeweils in eine Ecke gestickt. Die quadratische Decke misst 130 cm, die Servietten sind 45 x 45 cm groß.

Diskette 14, Pfaff

Material:
- 150 cm Baumwollstoff 150 cm breit
- Nähgarn
- Maschinenstickgarn matt, glänzend und metallic
- Stickvlies
- Markierstift

Winterlich wirkt das Eichenmotiv in Weiß, Beige und Braun. Mit doppeltem Oberfaden gestickt, werden ein Polyesterfaden und ein Metallicfaden gemeinsam eingefädelt.

Pro Serviette:
- 50 x 50 cm Stoff

Arbeitsablauf:
▷ Zuschneiden
▷ Sticken
▷ Säumen
▷ Saumkante übersticken

Die Saumkante wird mit einer braunen Raupennaht überstickt, die Eichen je als Einzelmotiv in die Ecken der Decke gearbeitet.

Tischdecke

Die fertige Deckengröße beträgt 130 x 130 cm.
1. Schneiden Sie die Decke fadengerade zu.
2. Zeichnen Sie in die Deckenmitte einen Kreis mit einem Radius von 15 cm. Auf diesem Kreis zeichnen Sie

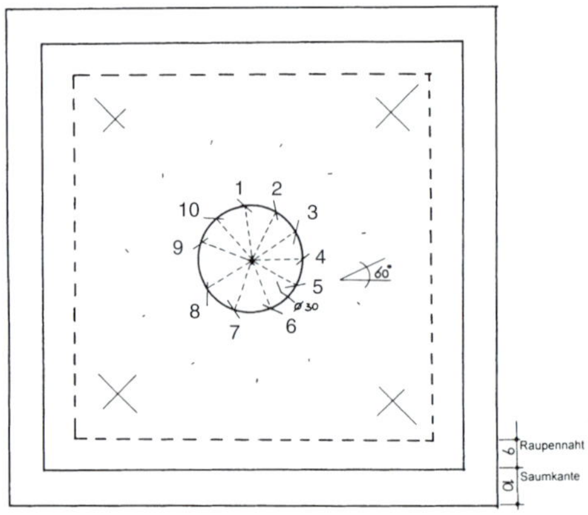

Die Zeichnung zeigt die Anordnung des Motivs Eichenlaub und die Richtung, in die der Stickrahmen gesetzt wird.

10 Punkte im gleichmäßigen Abstand voneinander ein. Das Motiv muss gedreht werden, um einen Kreis zu ergeben, daher zeichnen Sie an die 10 Punkte eine Achse im Winkel von 27 Grad, die den Stickrahmen von der oberen zur unteren Mitte durchläuft. Spannen Sie den Stickrahmen so ein, dass zwei Eichenblätter des Motivs zur Seite zeigen, eins zum Deckenrand. Sticken Sie das zweimal vergrößerte Motiv (83 x 95 mm) mit doppeltem Oberfaden (nur Fäden von Stärke 50 verwenden): 1. Farbe: gelb und weiß, 2. Farbe: beige und altweiß, 3. Farbe: zwei Rollen weiß glänzend, 4. Farbe: braun und gold-metallic für die Blattadern, zweimal braun für die Hüllen der Eicheln. Für die Saumbetonung markieren Sie den Mittelpunkt des Motivs in der Diagonalen 43 cm von der Ecke entfernt, und ziehen eine Hilfslinie im rechten Winkel zu dieser Diagonalen, die die Richtung des Rahmens festlegt. Sticken Sie das Motiv in der Größe 1, aber auch mit doppeltem Faden, diesmal mit dem Einzelblatt nach oben zeigend.

3. Nähen Sie die Ecken, wie auf Seite 14 beschrieben. Säumen Sie die Decke 10 cm breit, davon ist 1 cm Einschlag. Übersticken Sie die Saumnaht mit einer Raupennaht in Braun.

Servietten

1. Schneiden Sie die Servietten fadengerade zu.

2. Markieren Sie den Mittelpunkt des großen Eichenmotivs in der Diagonalen einer Ecke 20 cm von der Spitze entfernt im 90°-Winkel.

3. Sticken Sie das Motiv mit doppeltem Oberfaden.

4. Säumen Sie die Serviette 3 cm breit, davon 1 cm Einschlag, und übersticken Sie die Kante mit einer braunen Raupennaht (Zickzackstich, Stichlänge 0,3 mm, Stichbreite 2,5 mm).

Traditionell wird das Eichenmotiv in den Farben grün/braun/gelb gestickt. Wenn ein naturweißes Set dann noch mit grünem Schrägband eingefasst und mit brauner Raupennaht überstickt wird, passt es sehr gut zu einem schweren Holztisch.

Material und Hersteller

Die nachfolgend aufgeführten Produkte wurden für die Modelle im Buch verwendet. Sie haben sich bei der Verarbeitung bewährt. Es gibt sicher weitere Produkte mit ähnlich guten Eigenschaften von anderen Herstellern, daher erhebt diese Übersicht keinen Anspruch auf Vollständigkeit. Sie soll lediglich als Orientierungshilfe dienen.

Firma Apart: Tischdeckenstoffe in Breiten bis zu 300 cm, Piqué bis 300 cm Breite, Servietten

Firma Bernina: Nähmaschine Bernina Artista 180 und die meisten Produkte in den Filialen

Firma Brother: Nähmaschine Brother Super Galaxie 2100, Maschinenstickgarn in 40 Farben, Landhausstickgarn in 40 Farben, Spulen-Stickgarn, weiß, Rollen zu 1000 und 1300 m, Landhausspulengarn, Rollen zu 1000 m, Garnspulenhalter für 10 Garnrollen

Firma Coats GmbH: Polyesternähgarn in ca. 400 Farben, Anker Maschinenstickgarn, Baumwolle Stärke 50 in 80 Farben, Alcazar, Rayonstickgarn Stärke 30 und 40 in 80 Farben, Christallina Metallstickgarn in 9 Farben, Novia Einlauffaden, Baumwolle

Firma Freudenberg/Vlieseline: Stickvlies 90 cm breit als Meterware, Filmoplast H54, 55 cm breit als Meterware, Soluweb, Volumenvlies 90 cm breit, alles als Meterware

Firma Gütermann: Allesnäher M 303 in ca. 400 Farben, Baumwolle in ca. 180 Farben, Miniking 1000 m in 24 Farben, Dekor in ca. 100 Farben, Dekor Metallic in 20 Farben, Maschinenstick- und Stopfgarn M 202 in ca. 80 Farben, Nahtband 20 und 30 mm breit in 38 Farben, Schrägband 12 und 20 mm breit, gefalzt in 45 Farben, HT2 Textilkleber, Pfeiltrenner, Handmaß

Güth und Wolf: Nahtband und Schrägband als „Golfband" 5 m auf Karten und als Meterware

Firma Jeromin: Schleiernessel Stoffbreite 300 cm

Firma Madeira: Rayon in Stärke 40 und 30, 120 Farben, Multicolor, Astro und Ombré, Spectra in 6 Farben, Neon No. 40 in 6 fluoreszierenden Leuchtfarben, Metallic No. 40 in 42 Farben, Heavy Metal No. 30 in 6 Farben, Cotona in den Stärken 30 und 50 in 36 Farben, Stärke 80 in 12 Farben, Bobbinfil No. 70 in Schwarz und weiß, Bobbins No. 150, Weiß Avalon, 5 m, 25 cm breit, Markierstift „Magic Pen", Sticknadeln zum Maschinensticken, Stickring 13 und 18 cm

Firma Opel: Tischdeckenstoffe in Leinen/Polyester und Leinen/Baumwolle 180 und 230 cm breit, Geschirrtücher

Firma Pfaff: Nähmaschine Pfaff Creatve 7570, Garnspulenhalter für 10 Garnrollen und die meisten Produkte in den Filialen

Firma Prym: Stecknadeln mit Glaskopf in Stärke 60 und extra lang mit gelben Köpfen, „Schwesternnadeln" in Stärke 80 mit weißem Kopf, Nähnadeln in allen Stärken und Größen, Nähmaschinennadeln Stärke 60–100, Zwillingsnadeln in 2,5 und 4 mm Abstand, Markierstift „Trick-Marker", selbstlöschend, „Aqua-Trick-Marker", wasserlöschend, Nähfrei-Druckknöpfe, Zwirnbespannte Wäscheknöpfe 14–18 mm Durchmesser, Steckschnallen für Rucksack oder Latzhose, Kordelstopper mit unterschiedlichen Motiven

Firma Schlemming: „Peltexschere" ist eine ideale Schneiderschere (mit goldenem Griff), Arbeitsscheren in unterschiedlichen Längen und Qualitäten, Knopflochschere

Firma Schmetz: Nähmaschinennadeln Stärke 70–100, Maschinenstick-nadeln Stärke 70–100, Stretch Stärke 90, Jeans Stärke 90–100, Zwillingsnadel Nadelabstand 1,6–6mm, Drillingsnadel Nadelbreite 2,5 und 3 mm, Hohlsaumnadel Stärke 100–120

Firma Singer: Singer Professional XL 1000 und die meisten Produkte in den Filialen

Herstelleradressen

Sollte es vorkommen, dass Sie eines der im Buch angegebenen Produkte oder Werkzeuge nicht erhalten, wenden Sie sich bitte direkt an den Hersteller. Dort wird man Ihnen auf jeden Fall helfen:

Apart Heimtextilien Stoll
Bahnhofstr. 7, 67377 Gommersheim

Bernina, Heinrich Herz Weg 3,
67346 Speyer

Brother International
Im Rosengarten 14, 61118 Bad Vilbel

Coats GmbH, Kaiserstr. 1,
73941 Kenzingen

Freudenberg (Vlieseline)
Postfach 100363,
69465 Weinheim

Gütermann, Landstr. 1,
79261 Gutach/Breisgau

Güth und Wolf
Postfach 1751, 33330 Gütersloh

Jeromin
Postfach 101706, 68017 Mannheim

Madeira
Postfach 320, 79106 Freiburg

Opel Leinenweberei
Lautererstr. 48, 36341 Lauterbach

Pfaff
Gritznerstr. 11, 76227 Karlsruhe

Prym
Postfach 1740, 52220 Stolberg

Schlemming, Brunnenstr. 22
33602 Bielefeld

Schmetz
Postfach 1140, 52134 Herzogenrath

Singer
Gritznerstr. 11, 76227 Karlsruhe

Ravensburger®

SPASS AM NÄHEN

Nähen –
Grundlagen 1

128 Seiten
461 farbige Fotos
21,5 cm x 28 cm
gebunden
DM 29,90
öS 218,–
sF 29,10

ISBN 3-332-00897-8

Almut Bree
Sticken mit der Nähmaschine

127 Seiten
107 farbige Fotos und 82 farbige und s/w Zeichnungen
21,5 cm x 28 cm
gebunden
DM 29,90
öS 218,–
sF 29,10

ISBN 3-332-00905-2
Originalausgabe

Almut Bree
Tischdecken nähen, gestalten, dekorieren

96 Seiten
ca. 140 farbige Fotos und ca. 30 Zeichnungen
21,5 cm x 28 cm
gebunden
DM 29,90
öS 218,–
sF 29,10

ISBN 3-332-00906-0
Originalausgabe

Nähen –
Grundlagen 2

128 Seiten
ca. 400 farbige Fotos
21,5 cm x 28 cm
gebunden
DM 29,90
öS 218,–
sF 29,10

ISBN 3-332-00898-6

® Ravensburger